歴史文化ライブラリー
408

新田一族の中世

「武家の棟梁」への道

田中大喜

吉川弘文館

目　次

図1　新田氏系図（『太田市史通史編　中世』五〇～五一頁より）

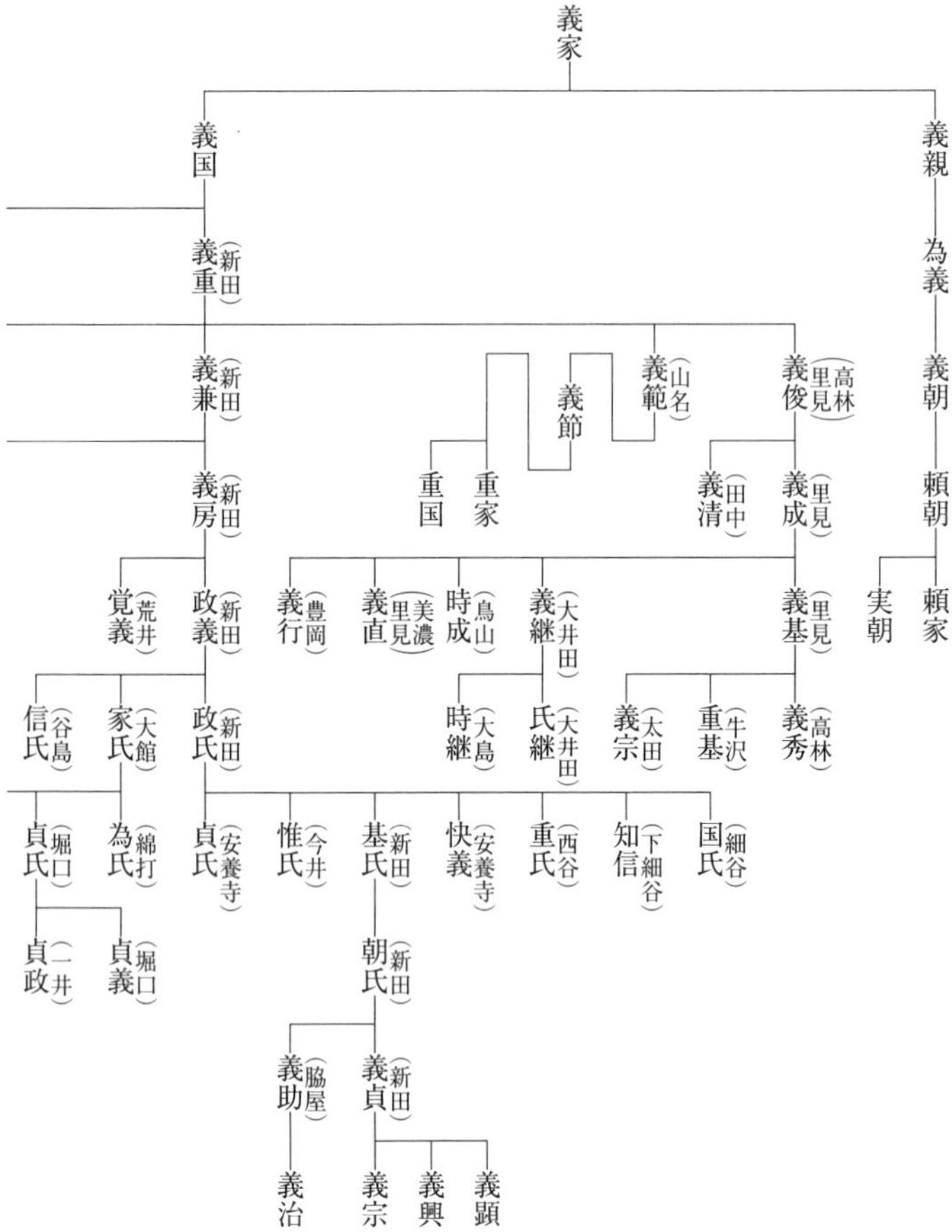

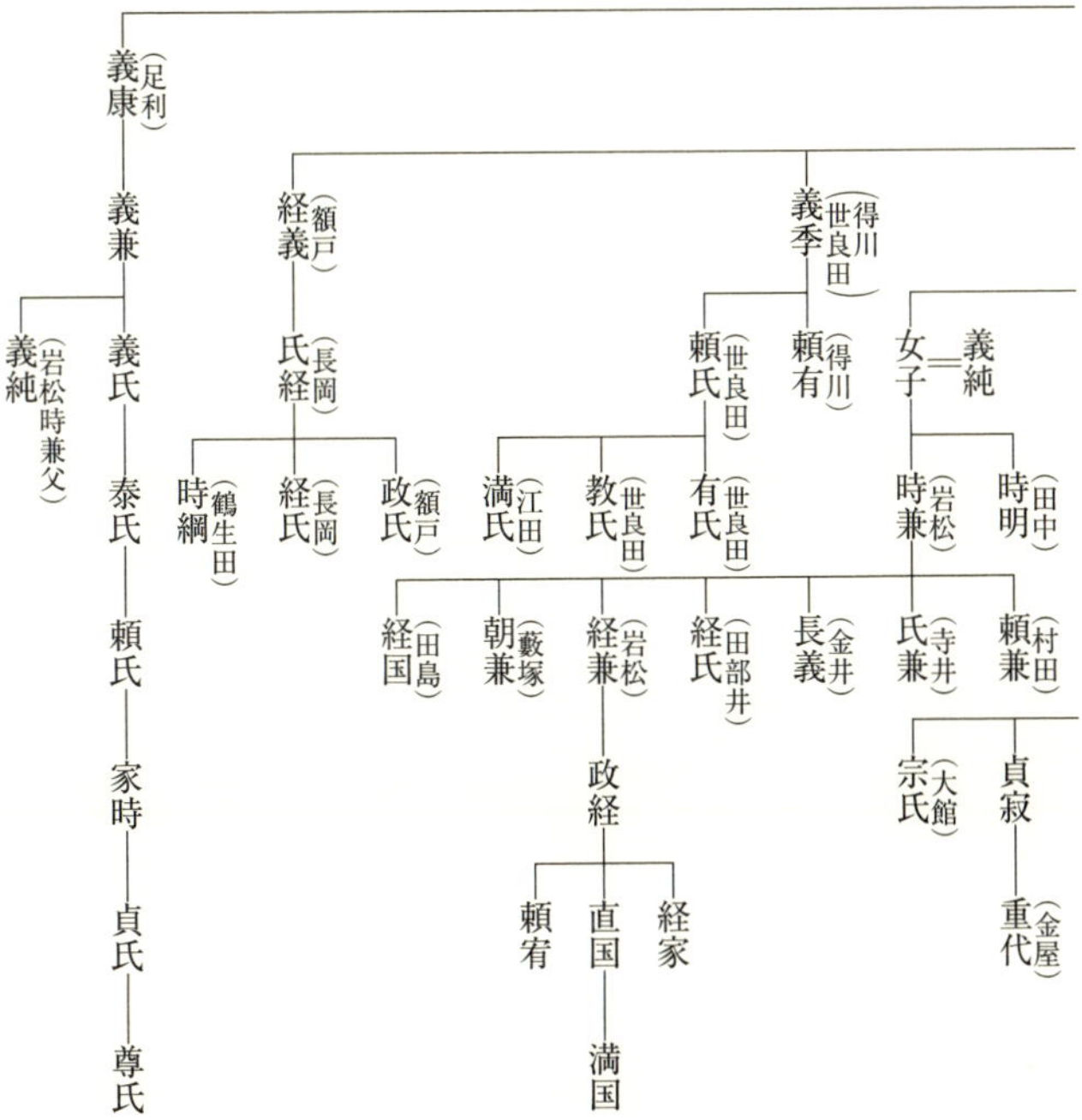
義康（足利）
義兼
義氏
泰氏
頼氏
家時
貞氏
尊氏
義純（岩松時兼父）
経義（額戸）
氏経（長岡）
政氏（額戸）
経氏（長岡）
時綱（鶴生田）
義季（得川 世良田）
頼有（得川）
頼氏（世良田）
有氏（世良田）
教氏（世良田）
満氏（江田）
女子＝義純
時明（田中）
時兼（岩松）
頼兼（村田）
氏兼（寺井）
長義（金井）
経氏（田部井）
経兼（岩松）
朝兼（藪塚）
経国（田島）
政経
経家
直国
頼宥
満国
貞寂
宗氏（大館）
重代（金屋）

『太平記』のなかの新田氏——プロローグ

1　『太平記』のなかの新田氏

「武家の棟梁」新田氏

新田氏《にったし》は、前九年《ぜんくねん》合戦・後三年《ごさんねん》合戦の活躍で名高い源義家《みなもとのよしいえ》の子義国《よしくに》を祖とする一族である。同じく義国を祖とする一族に、足利氏《あしかがし》がいる。つまり、新田氏と足利氏は、義国流《よしくにりゅう》清和源氏《せいわげんじ》の同族ということになる。

周知の通り、この二つの同族武家は、ともに鎌倉幕府の滅亡に大きな足跡を残したが、その後は北朝《ほくちょう》方と南朝《なんちょう》方とにわかれて、激しく争った。両者の抗争の一部始終を現在に伝える軍記物語《ぐんきものがたり》の『太平記《たいへいき》』は、新田氏（義貞《よしさだ》）を「源家累葉」ではなく「源家嫡流《ちゃくりゅう》の名家」（巻第七「新田義貞綸旨《りんじ》を賜《たま》う事」）、足利氏（尊氏《たかうじ》）を「源家累葉《るいよう》の族《やから》」・「源家の貴族」（巻第九「足利殿御上洛事《ごじょうらくのこと》」）と紹介し、両者の抗争を「新田・足利の国の争い」（巻第一六「新田殿湊河《みなとがわ》合戦事《かっせんのこと》」）、すなわち天下の覇権《はけん》を懸けた争いとして描いている。つまり、『太平記』は、義国流清和源氏の同族である新田氏・足利氏双方を、天下の覇権を握る資格のある源氏嫡流の家柄と位置づけているのである。

『太平記』は、源氏嫡流の家柄に属す武家こそが、天下の覇権を握ることができる有資格者と認めている。これは、清和源氏の嫡流が武家政権の首長としての征夷大将軍《せいいたいしょうぐん》の資格を持つという、源頼朝《よりとも》によって創造され鎌倉期を通じて武士社会に浸透した、武家の正統イデオロギーとしての「源氏将軍観《げんじしょうぐんかん》」を反映した認識といえる。つまり、『太平記』において新田氏は、源氏将軍観を背景に、足利氏とともに源氏嫡流の家柄と位置づけられることで、武家政権の首長＝武家の棟梁《とうりょう》の資格を持つ武家として描かれているのである。

『太平記』の操作

ところで、一般的に『太平記』は、南北朝内乱を素材とした軍記物語と説明される。実際、『太平記』は、南北朝期を対象としたどの軍記物語よりも情報量に富み、内乱の実態を生き生きと描いている。しかし、たんなる軍記物語としてのみ理解することはできない。というのも、『太平記』は、少なくとも当初の制作（修訂）過程において、室町幕府と密接につながる者の関与があったことが知られており、室町幕府の草創《そうそう》を語る「正史」として、整備・編纂《へんさん》されたと見られているからである（兵藤裕己『太平記〈よみ〉の可能性』）。

『太平記』には、室町幕府当局＝足利氏の管理下において制作された「歴史書」としての側面が認められる。すると、足利氏とならぶ源氏嫡流の家柄という、『太平記』における新田氏の位置づけは、足利氏の公認を受けたものだったことがわかる。しかし、ここで注意すべきは、この新田氏の位置づけが歴史的事実に即したものではないという点である。すなわち、『太平記』に新田氏と足利氏が登場する鎌倉幕府の滅亡直前の時点において、義貞は無位無官だったのに対し、尊氏は従五位上《じゅうごいのじょう》で前治部大輔《さきのじぶだいぶ》という官位を持っていた。つまり、鎌倉末期の時点における新田氏と足利氏との間には、歴然とした家格の違いが存在したのであり、このことから新田氏は、足利氏とならびうるような源氏嫡流の家柄だったとは考えにくいのである。

したがって、足利氏は、『太平記』の制作過程において、新田氏との家格の違いを隠蔽《いんぺい》し、新田氏の家格を意図的に引き上げるように指示して、新田氏を足利氏に匹敵しうる「源家嫡流の名家」に仕立て上げたと理解できよう。それでは、足利氏はいったい何のために、敵対者となった新田氏の家格を引き上げたのだろうか。

このことについて、南北朝初期の足利氏を取り巻いた政治環境から考えてみよう。

足利氏の思惑

一般的に足利氏は、頼朝・頼家《よりいえ》・実朝《さねとも》の源氏将軍三代が亡くなった後、源氏嫡流の立場を継承したといわれている。確かに足利氏は、鎌倉幕府の序列（家格秩序）において、清和源氏の系譜を引く御家人のなかで最上位に位置していた。また、少なくとも鎌倉末期には、北条氏《ほうじょうし》との合意のもと、幕府内部において源氏嫡流の立場にあることを公認されていたふしも見受けられる。しかしながら、足利氏が源氏嫡流の立場にあったことを示すこれらの要素は、鎌倉幕府という組織と密接に関わっていたことに留意する必要がある。すなわち、足利氏の源氏嫡流という立場は、鎌倉幕府（北条氏）と結びつくことによって築かれたものだったのである。したがって、鎌倉幕府の滅亡は、足利氏にとって、自らの源氏嫡流という立場を支えた「土台」の崩壊を意味したはずである。鎌倉幕府の滅亡により、足利氏は、自らの力で「源氏嫡流工作」を展開する必要に迫られたと考えられよう。

足利一門の今川了俊《いまがわりょうしゅん》という人物が記した書物の一つに、『難太平記《なんたいへいき》』（『群書類従《ぐんしょるいじゅう》』第二一輯《しゅう》』所収）という歴史書がある。そこには、次のようなエピソードが記されている。すなわち、源義家は、七代目の子孫に生まれ変わって天下を取ると記した置文《おきぶみ》を作成した。ところが、七代目の子孫にあたる足利家時《いえとき》は、その内容を果たせなかったために、自分の命を縮めて三代のうちに天下を取るように八幡大菩薩《はちまんだいぼさつ》に祈願し、その旨を記した置文を作成して切腹した。家時の三代目にあたる尊氏・直義《ただよし》兄弟は、この義家以来足利氏に伝えられた代々の宿願《しゅくがん》によって、現在天下を取った、というのである。

尊氏の挙兵を説明する際に、しばしば引用されるエピソードのため、見聞きしたことのある読者も多いだろう。しかし、このエピソードに現れる義家の置文も、家時の置文も、いずれも実在したとは見なしがたく、これは史実を伝えた話しではないことが、すでに先行研究によって明らかにされている（川合康「武家の天皇観」、市沢哲「『難太平記』二つの歴史的射程」）。それによると、このエピソードの真意は、実際に天下を取った尊氏・直義兄弟が、義家・家時の置文の内容を義家以来伝えられた代々の宿願と説明することで、足利本宗家《ほんそうけ》を義家嫡流＝源氏嫡流に位置づけ、他の源氏に対する自己の権力の正統性ならびに他の足利一門との格差を主張することにあったという。

このように、鎌倉幕府滅亡後の足利氏（本宗家）は、自らの力によって源氏嫡流工作を展開していったのである。すると、足利氏の管理下で制作されたという『太平記』において、足利氏が「源家累代の貴族」と位置づけられたことも、同様の文脈で理解できるだろう。さらに、新田氏が「源家嫡流の名家」と位置づけられたことも、これと関係すると考えられる。すなわち、足利氏は、『太平記』において、新田氏をもう一方の源氏嫡流＝武家の棟梁と位置づけて、これを打倒するに足る相手と描き、その新田氏を倒すことによって、足利氏が唯一の源氏嫡流＝武家の棟梁の立場にあることを主張しようとしたと考えられるのである。

足利氏は、『太平記』の制作過程において、自らの源氏嫡流の歴史的正当性を周囲に誇示するために、新田氏の家格を意図的に引き上げたと考えられる。『太平記』に描かれた「武家の棟梁」新田氏の姿は、足利氏の源氏嫡流工作の所産《しょさん》だったのである。

このように見ると、『太平記』に描かれた新田氏の姿は、歴史的事実に即さない、いわば「虚像」だったといえる。しかしながら、この新田氏の姿は、『太平記』が制作された同時代の人びとにとって決して容認できないような、まったくの虚構《きょこう》だったとも考えにくい。というのも、かりに同時代の人びとが『太平記』に描かれた新田氏の姿を容認できないと判断したならば、新田氏を打倒したことにより唯一の源氏嫡流＝武家の棟梁の立場にあることを主張しようとした、足利氏の思惑が成り立たなくなるからである。したがって、『太平記』に描かれた新田氏の「虚像」には、同時代の人びとに容認されるだけの「実像」が含まれていたと判断されよう。

新田氏の「実像」を求めて

その実像とは、いったい、いかなるものか。そこで本書では、足利氏の思惑＝『太平記』の構想を成り立たせた新田氏の実像を明らかにしながら、新田氏は足利氏とならぶ「武家の棟梁」との認識を生み出した現実的契機について考えていくことにしたい。したがって本書は、足利氏との関係を軸に、新田氏の実像を探ることになる。義国流清和源氏の同族として生きた、この二つの武家の関係を『太平記』から離れて洗い出し、その実際の様相を明らかにすることで、等身大の新田氏像の構築を目指したい。

それでは、源義国とその子義重《よししげ》の活動のなかから、新田氏という武家が成立するところから始めていくことにしよう。周知の通り、新田氏の名字の地となったのは、上野国新《こうずけのくににっ》田荘《たのしょう》（群馬県太田市および桐生市・伊勢崎市・みどり市の一部と埼玉県深谷市の一部）である。したがって、新田氏の成立には、新田荘の開発と成立が密接に関係している。義国・義重父子が、新田荘の開発・成立にいかに関わったのかを明らかにしながら、まずは新田氏の成立の様相を見てみよう。

＊

と、本論に入る前に、あらかじめお断りしておきたいことがある。本論では、適宜《てきぎ》、論拠となる史料ないしその出典を紹介する。前者の場合、読者の便宜を図り、史料はすべて平仮名（現代仮名遣い）による読み下しにした。後者の場合、新田氏関係の史料をほぼ網羅している『太田市史史料編　中世』（太田市、一九八六年）に所収されているものは、史料名だけを記載した。また、新田氏は本宗家が滅亡したため、その史料は残されていないが、有力支族の岩松《いわまつ》氏・世良田《せらた》氏の史料は、それぞれ「正木文書《まさきもんじょ》」・「長楽寺文書《ちょうらくじもんじょ》」として現存している。これらの史料は、『群馬県史　資料編5』（群馬県、一九七八年）に、写真図版とともに収録されており、容易に参照できる。そこで本書では、「正木文書」・「長楽寺文書」の史料の出典を示す場合、「正」・「長」と略記し、『群馬県史』の史料番号とともに示すことにする。

それでは改めて、新田氏の成立から見ていくことにしよう。時代は、義国が生まれた一一世紀末から始めたい。

新田氏の成立

成立前史

源義国は、文章博士《もんじょうはかせ》・大学頭《だいがくのかみ》・中宮亮《ちゅうぐうのすけ》を歴任し摂関家《せっかんけ》の家司《けいし》（家政機関の職員）も務めた藤原有綱《ふじわらのありつな》の娘を母として（『尊卑分脈《そんぴぶんみゃく》』）、一一世紀末に生まれた。有綱の経歴からもうかがえるように、母方の一族は、学者として朝廷に仕えた中級貴族だった。こうした母親の出自から推すと、義国の出生地は京だったと考えられる。

義国の在国活動

一方、義国の母親を藤姓《とうせい》足利氏の「中宮亮藤原基綱《もとつな》」の娘とし、出生地を下野国《しもつけのくに》足利とする系図（「鑁阿寺《ばんなじ》新田足利両家系図」、『新田氏根本史料』所収）もある。しかし、当時、すでに東国《とうごく》に土着していた藤姓足利氏の人物が、中宮職《ちゅうぐうしき》（天皇の妃である中宮に関する文書事務および庶務を取り扱う官司《かんし》）の職員である中宮亮の官職に就くことは考えにくいため、これは「有綱」を改変したものと考えられる。おそらく、義国の子義康《よしやす》の子孫が、のちに足利荘《あしかがのしょう》を本領《ほんりょう》とする源姓《げんせい》足利氏を興《おこ》したことから、もともと足利荘を管理していた藤姓足利氏との所縁を強調するための作為と見られる。

京で生まれた義国は、いつの頃からか東国に下向したようであり、康和五年（一一〇三）には常陸国《ひたちのくに》で叔父源義光《よしみつ》・平重幹《たいらのしげもと》ら常陸平氏と合戦におよび、五年以上にわたる深刻な地域紛争を引き起こした。この紛争の背景には、常陸国内の権益をめぐる秀郷流藤《ひでさとりゅうふじ》原《わら》氏《し》と常陸平氏との競合があったようであり、義国は常陸平氏と姻戚《いんせき》関係を持つ義光に対抗する軍事勢力として、秀郷流藤原氏に呼び込まれたのだった（高橋修「『坂東乱逆』と佐竹氏の成立」）。この紛争から、義国が秀郷流藤原氏と緊密な関係を結んでいたことがうかがえるが、実際、義国は秀郷流藤原氏の一族である藤姓足利氏の藤原（足利）家綱《いえつな》を家人《けにん》としていたことが確認できる（『中右記《ちゅうゆうき》』永久二年〈一一一四〉八月一六日条）。

そもそも、義国の東国での活動は、父祖が北関東に築いた拠点の維持を目的としたものだった。すなわち、義国の曽祖父にあたる源頼信《よりのぶ》は、上野国司《こうずけこくし》（上野介《こうずけのすけ》）在任中に、主人と仰《あお》いでいた藤原道長《みちなが》の力を背景として、国府《こくふ》（国司が政務を執《と》る役所である国衙《こくが》の所在する都市）に近い八幡荘《やはたのしょう》（群馬県高崎市）と多胡荘《たこのしょう》（群馬県吉井町）を摂関家の荘園（国司の認可によって成立する国免荘《こくめんのしょう》と思われる）として成立させた。そして、父義家は、一

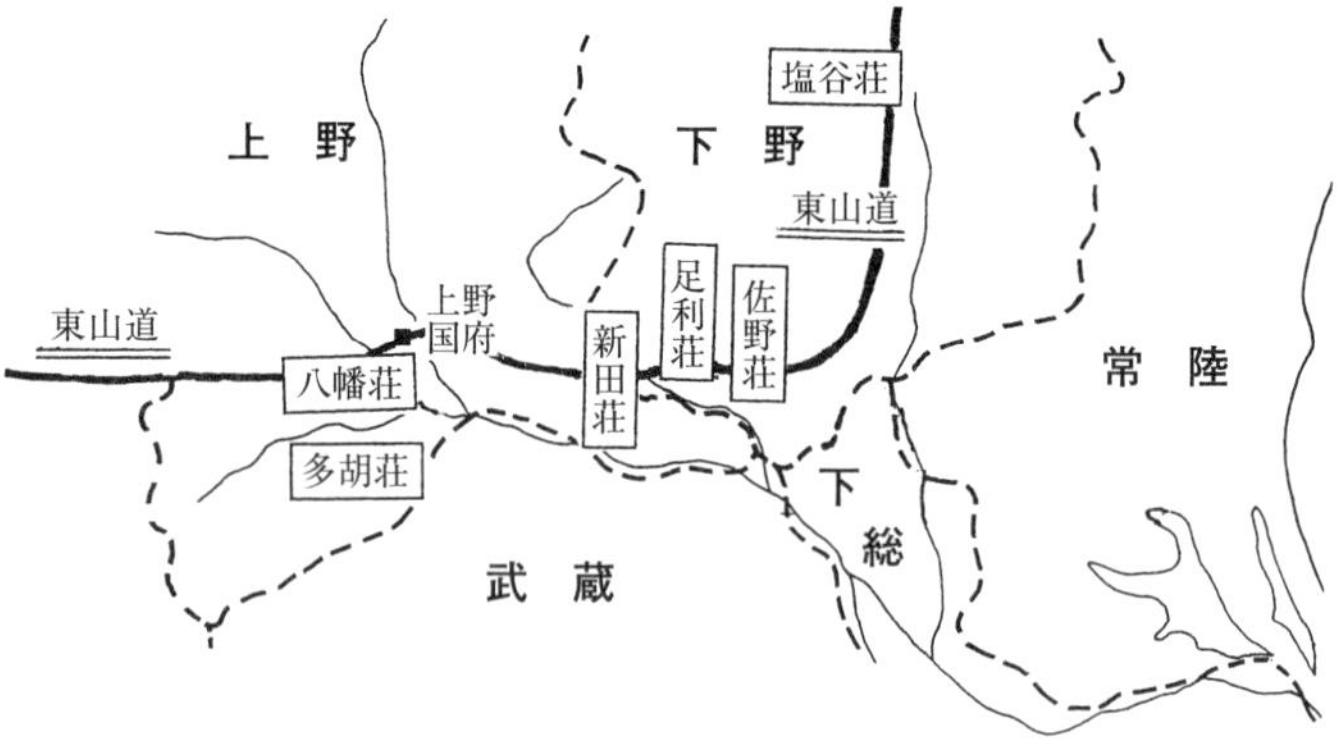

図２　頼信流清和源氏関係荘園分布図

一世紀後半の下野国司《しもつけこくし》（下野守《しもつけのかみ》）在任中に、塩谷《しおやの》荘《しょう》（栃木県塩谷町・日光市・矢板市・那須塩原市の一部）と佐野荘《さののしょう》（栃木県佐野市）を同じく摂関家の荘園として成立させ、さらに足利（栃木県足利市）でも荘園化に向けて何らかの活動をしていた可能性が指摘されている（久保田順一『新田義重』）。通常、京で活動する頼信・義家は、これらの荘園に対し、預《あずかり》所職《どころしき》などの上位の所職《しょしき》（権益）を保持し、現地の支配に直接関与することはしなかった。現地の支配は家人に委《ゆだ》ね、これにより、これらの荘園を地方の拠点としたのである（これらのうち、頼信が八幡荘に獲得した権益は、頼義《よりよし》—義家—義国—義重と継承され、八幡荘は新田氏の重要拠点となった）。

頼信や義家が拠点としたこれらの荘園は、いずれも東山道《とうさんどう》沿線にあったことから、頼信・義家は、奥《おう》羽《う》からの物資輸送・人的供給を図るための交通拠点を確保するべく、これらの荘園の成立に関与したと考えられる。当時の奥羽は、馬や金をはじめ、鷲羽《わしう》・鉄・海豹皮《あざらし》などの武器・武具の原料の重要な供給地となっていたため、武士にとって奥羽との交通の拠点を確保することは必須だった。頼信・義家は、いわば武士としての存立基盤を維持するために、北関東に拠点を築いたわけだが、義国は在京する父義家の名代《みようだい》として、これらの拠点の維持に携わったのである。

ちなみに、義家の北関東の拠点を脅かした勢力とは、同じ目的をもって常陸北部に拠点を築いていた、義家の弟義光である。前述した義国と義光との紛争は、義家と義光との北関東の拠点をめぐる争いでもあったのである。

義国の在京活動

天仁二年（一一〇九）、義国に転機が訪れる。この年の二月、義家の後継者となっていた同母兄の義忠《よしただ》が、何者かに暗殺されたことを受けて、義国は京へ上り、在京活動を始めたのである。

義国は、時の最高権力者である鳥羽院《とばいん》（上皇）に仕え、その北面《ほくめん》の武士に加わった。北面の武士となった義国は、当時、しばしば朝廷を悩ませていた延暦寺《えんりやくじ》や興福寺《こうふくじ》の強訴《ごうそ》（強硬的な態度で訴えかける行動）の撃退《げきたい》などに動員され、軍事力によって院に奉仕した。この活躍が認められたのだろう、義国は、四位《しい》・五位の位階《いかい》を持つ中級貴族層（諸大夫《しょたいふ》層）に位置づいたことが確認できる（須藤聡「平安末期清和源氏義国流の在京活動」）。

義国が在京活動を始めたことで、北関東での活動は、子の義重と家人の藤原家綱によって担われるようになった。しかし、義国は、機会を見つけては北関東へ下向し、京と北関東を往反する活動をしていたと考えられる。というのも、嘉承元年（一一〇六）の義家の死後、その地方拠点＝荘園権益は、義家の子や孫たちに分割されたことで、八幡荘と足利の権益を継承した義国は、それぞれ隣接する多胡荘と佐野荘の権益を継承した同母弟（もしくは甥）の為義《ためよし》と勢力圏が接したために、競合するようになったからである。義国は、京に活動拠点を据《す》えつつも、北関東に適宜下向して八幡荘と足利との関係を維持することで、為義に対抗したと見られる。こうした活動を通して、やがて義国は、足利に荘園を形成し、新たな拠点を築いていくことになる。

義国の在京活動は、久安六年（一一五〇）に終わりを迎えた。この年、路上で右大臣《うだいじん》藤原実能《さねよし》の行列に出会った義国は、実能の随身《ずいじん》（警護を担当する近衛府《このえふ》の官人《かんじん》）らに「狼藉《ろうぜき》」と称されて打ち落とされてしまった。これに憤《いきどお》った義国の家人たちは、実能の屋敷を焼き払ったため、義国は勅勘《ちょっかん》（天皇のおとがめ）を蒙《こうむ》り、足利へ下向・籠居《ろうきょ》することになったのである。

このエピソードは、『尊卑分脈』に見えるものだが、実は前年の事件の潤色《じゅんしょく》である可能性が高いとも指摘されている（佐々木紀一「新田義重一族伝雑々」）。すなわち、久安五年、

図3　源義国供養塔（群馬県太田市岩松町、義国神社）

義国と藤原光頼《みつより》の従者同士が争い、義国の従者が殺害されたため、義国はすぐに別の従者を差し向けて相手の家を追捕《ついぶ》（資財物の没収）するという事件を起こしていた（『本朝世紀《ほんちょうせいき》』久安五年正月三〇日条）。久安六年の事件は、この事件をもとに、後世創作されたというのである。真偽は不明だが、いずれにせよ、久安五～六年頃に義国は京を引き払い、足利へ下向したのは確かなようである。『尊卑分脈』によると、久寿二年（一一五五）六月二六日、義国は足利で死去したという。

義国の足利下向を受けて、これと代わるように在京活動を始めたのが、義重である。次に、義重の活動を見てみよう。

義重と義康

義重は、義国の長男として生まれた。母は藤原敦基《あつもと》の娘で（『尊卑分脈』）、生年は永久二年（一一一四）と考えるのが妥当のようである。

母方の祖父である敦基は、「天下の文に属する人、弟子にあらざることなし」（『中右記』嘉承元年〈一一〇六〉七月一六日条）と評されるほどの能吏《のうり》であり、蔵人《くろうど》・大内記《だいないき》・文章博士・上野国司（上野介）等を歴任し、学者として朝廷に仕えた中級貴族だった。したがって、敦基の娘と義国の婚姻は、天仁二年の義国の在京開始を契機としたものと考えられ、婚姻後まもなく義重が誕生したことになる。すると、義重の出生地も、京ということになる。

義重の史料上における確実な初見は、仁平三年（一一五三）の内舎人《うどねり》任官の記事である（『山槐記除目部類《さんかいきじもくぶるい》』仁平三年正月二二日条）。内舎人とは、中務省《なかつかさのしょう》所属の下級武官で、無官の下級官人が成功《じょうごう》（私財の進納により任官すること）や主人の推挙などによって初めて任じられる官職だった。永久二年の生年説をとると、このとき義重は四〇歳に達しており、かなりの高齢で初めて官職を得たことになる。

仁平三年の内舎人任官は、これより少し前に、義重が父義国に代わって在京活動を始めたことと関係すると見られる。したがって、在京活動を始める前の義重は、おそらく八幡荘を拠点として、義国の北関東の拠点の維持に携わっていたと考えられる。京で生まれた義重は、義国と同様に、成長すると北関東へ下向してそこを活動の場としたのであり、これが壮年の域に達するまで官職を得られなかった要因と考えられる。

ところで、義重には、源姓足利氏の祖となった義康という異母弟がいた。北関東で活動した義重に対し、義康は義国と同じく鳥羽の北面の武士に加わり、早くから京で活躍していた。この事実から、義康が義国の後継者の立場にあったと見ることもできる。しかし、北関東で活動する義重と京で活動する義康との関係は、むしろ義国流清和源氏の分業関係として対等に捉えた方が、当時の武士の活動実態に即した正当な見方になると思われる。それでは、このように捉えるとすると、義重も義康もともに京で生まれたにもかかわらず、なぜ義重の方が北関東へ行かなければならなかったのだろうか。

図4　義重・義康関係系図
（太字の人物は上野国司就任者を示す）

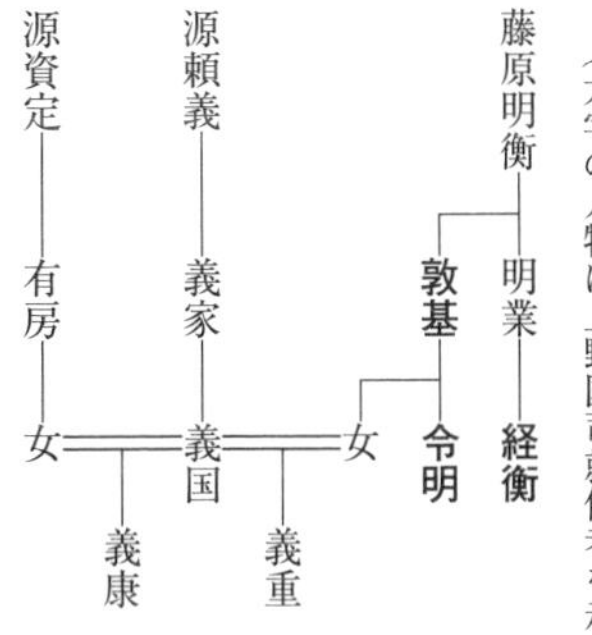

（『尊卑分脈』より作成）

このことを考えるうえで注目されるのが、義重の外祖父の敦基は、義国と義重が拠点とした八幡荘の所在する上野国の国司を務めていたという事実である。実は、敦基の子で、義重の母の兄弟にあたる令明《よしあき》も上野国司を務めており、さらには敦基の甥の経衡《つねひら》も務めていた（『尊卑分脈』)。つまり、義重の母方の一族は、次々と上野国司を輩出《はいしゅつ》していたのであり、彼らが義国と義重の上野国での活動を支援したのは間違いない。このように見ると、義重は上野国司を輩出した母方一族からの支援を期待できるがゆえに、北関東へ送り込まれたと考えられよう。つまり、義重・義康兄弟の分業関係は、外戚《がいせき》の経歴（活動形態）に即して構築されたまでであり、決して義康（足利氏）が義国流清和源氏の「嫡流」だったことを意味するのではないことに注意したい。

『平家物語』が語る義重

それでは、義重が北関東で展開した活動とは、いかなるものだったのだろうか。義重も、義国と同様に、北関東の武士たちと競合・連携を繰り返しながら、拠点の維持に奔走《ほんそう》したと推測されるが、残念ながらその具体的な様相を伝える史料はほとんどない。こうしたなか、次の『平家物語』のエピソードは、このことを物語る貴重な史料として注目される。

東国下野国の住人足利の太郎俊綱《としつな》が子に、足利又太郎忠綱《ただつな》と云《いう》者あり。（中略）多《おおく》の武者の中に進出《すすみいで》て申《もうし》けるは、「（中略）昔、秩父《ちちぶ》と足利と中違《なかたがい》て、父足利、上野国新田入道《にゅうどう》を語《かたらい》て搦手《からめて》を廻《めぐら》しに、新田の入道、『敵《かたき》秩父に船を被破《やぶられ》て、船無《なけ》ればとて此《これ》に引《ひき》へたらんは、弓箭《ゆみや》取る甲斐《かい》あるまじ、水に溺《おぼ》れてこそ死とも死なめ。』とて、とね《（利根）》河を五百余騎《ごひゃくよき》にてざと渡したる事も有《ある》ぞかし。されば此河《このかわ》、とね河には勝りもせじ、劣りもせじ、渡す人無くは忠綱渡さん。」とて打入《うちいる》。

（『延慶本平家物語《えんぎょうぼんへいけものがたり》』第二中、一八「宮南都《みやなんと》へ落給事《おちたまうこと》付《つけたり》宇治《うじ》にて合戦事《かっせんのこと》」）

後年のことになるが、治承四年（一一八〇）五月の以仁王《もちひとおう》と源頼政《よりまさ》の挙兵に際し、追討軍に加わっていた藤姓足利氏の忠綱が、宇治川《うじがわ》を前にこれを攻めたときの様子を伝えるエピソードである。ここで忠綱は、かつて父俊綱が義重（新田入道）とともに秩父氏と北関東で争った際、義重は秩父氏に船を壊されたことをものともせずに利根川を渡った模様を語り、味方を鼓舞《こぶ》したのである。

このエピソードから、義重が藤姓足利氏と連携して、武蔵国《むさしのくに》の最有力武士である秩父氏と抗争していた様子が確認できる。このエピソードでは、俊綱と義重は対等の関係として描かれている。前述したように、俊綱の父家綱は、義重の父義国の家人だったので、藤姓足利氏と義国流清和源氏の主従関係は、次世代には継承されなかったようである。

義重と秩父氏は、利根川を挟《はさ》んで合戦におよんだというから、両者の勢力圏は上野国と武蔵国の国境地域において重なり合い、競合していたのだろう。このエピソードは、いつの頃の様子を伝えるものかは不明だが、次節で述べるように、義重と藤姓足利氏は一二世紀半ばには対立していたため、一二世紀前半の様子を伝えるものと思われる。よって、義重が北関東で活動していた時代の様相を物語る、貴重な史料と考えてよいだろう。

大蔵合戦

さて、このエピソードで義重の競合相手として現れる秩父氏は、久寿二年（一一五五）八月一六日に、大蔵《おおくら》合戦を引き起こしたことで知られている。

大蔵合戦とは、秩父重隆《しげたか》の居館《きょかん》だった北武蔵の比企郡《ひきぐん》大蔵館《おおくらやかた》（埼玉県嵐山町）において、為義の子義賢《よしかた》を「養君《やしないぎみ》」（守りたてる主君）として迎え入れていた重隆を、義賢の兄義朝《よしとも》が武蔵国に送り込んだ子の義平《よしひら》が襲い、義賢と重隆を討った事件のことである（菊池伸一「平姓秩父氏の性格」、木村茂光「大蔵合戦再考」、清水亮「中世前期武蔵武士のテリトリーと交通」）。当時、義重は在京活動を行っていたためか、この合戦に直接参加した形跡は見当たらない。

しかし、義重が秩父氏と競合関係にあったうえに、義重の娘が義平に嫁いでいたという事実（『吾妻鏡《あづまかがみ》』寿永元年〈一一八二〉七月一四日条）を踏まえると、義重がこの合戦に無関係だったとは考えにくい。おそらく義重は、義朝・義平陣営に与《くみ》し、合戦前から義朝・義平の活動を何らかの形で支援していたと考えるのが妥当である。義重が義朝・義平と連携したのは、競合関係にある秩父氏が義賢と連携したためと考えられるが、秩父氏と義賢の連携は、義重にとって具体的にいかなる脅威となっていたのだろうか。

義賢は、大蔵合戦が起きる二年前の仁平三年（一一五三）の夏、京から上野国多胡郡《たこぐん》（荘）に下向した（『延慶本平家物語』第三本、七「木曽義仲《きそよしなか》成長する事」）。その直接の目的は、同年三月に下野国司（下野守）となった兄義朝に対抗するためだったと目されているが、同時に当時、浅間山《あさまやま》の噴火による降灰の被害を受けていた多胡荘を復興させるためでもあったと考えられている。前述したように、多胡荘は、父為義の北関東における拠点の一つだった。

多胡荘下向後の義賢は、同荘が所在する西上野から東信濃《しなの》一帯を勢力圏とした徴証《ちょうしょう》が確認できるが、これは義国流清和源氏の勢力圏と重なり合うものだった。すなわち、義国・義重が拠点とした八幡荘は、多胡荘の北東部で接しており、同じ西上野に所在した。また、詳しくは後述するが、義重は、東信濃の平賀郷《ひらがごう》（長野県佐久市）を拠点とした義光流清和源氏の平賀氏の一族を猶子《ゆうし》（養子）に迎えており、連携を深めていたのである。したがって、新たに下向してきた義賢は、義国流清和源氏の勢力圏に割り込んできたといえ、

図5　大蔵合戦関係系図
（□の人物は義朝・義平陣営、□の人物は義賢・重隆陣営を示す）

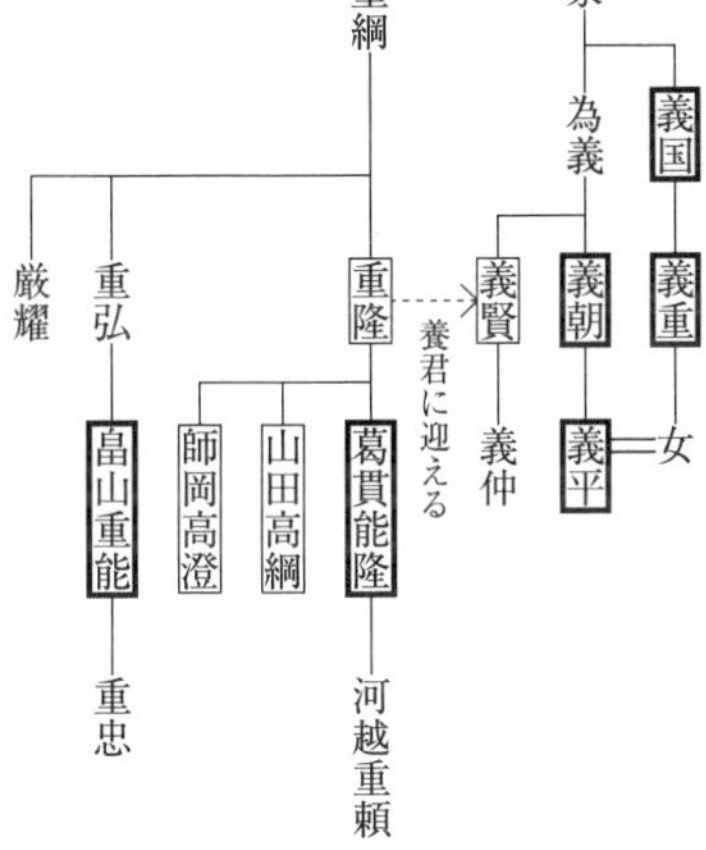

（佐々木紀一「新田義重一族伝雑々」・清水亮「中世前期武蔵武士のテリトリーと交通」の成果をもとに作成）

図6-1　大蔵館跡（埼玉県嵐山町、大蔵神社）

図6-2　源義賢の墓（埼玉県嵐山町）

両者の競合は不可避になったことが理解できよう。

こうした状況において、義賢のとった対抗措置が、秩父氏との連携だったと考えられる。秩父氏の側も、義重と競合関係にあったことから、両者の共通利害にもとづいた連携だったことがうかがえる。これにより、義賢と秩父氏は、義国流清和源氏の勢力圏を西と南から圧迫する勢力として立ち現れたのである。義重が義朝・義平と連携して、義賢・秩父氏に対抗する道を選んだのは、当然の成り行きだったといえよう。

義重と義朝は、ともに京で近衛《このえ》天皇の中宮である九条院呈子《くじょういんていし》に仕えていたことから、義重は在京活動のなかで義朝と連携した可能性が高い。ただし、当時、北関東において、義賢・秩父氏に直接対峙《たいじ》していたのは義国だった。このことを踏まえると、義重の義朝との連携には、義国の意向も反映されていたと考えるのが自然だろう。

義賢の多胡荘下向と秩父氏との連携は、義国流清和源氏にとって、自身の勢力圏を西と南から脅かす最大の危機となった。この危機を打開するべく、義国流清和源氏は義朝・義平との連携を選択し、大蔵合戦を迎えたのである。大蔵合戦の要因は複雑で、さまざまな勢力の思惑・動向が絡んでいたが、義国流清和源氏もその渦中《かちゅう》にいたのである。大蔵合戦は、義国流清和源氏の勢力圏の存亡も左右する戦いとなったが、幸いにも義平側の勝利により、それは守られたのである。

ところで、大蔵合戦が勃発した時期は、義国の死から一月半後のことだった。この義国の死去直後という勃発時期に注目すると、大蔵合戦の勃発は次のように考えることもできよう。すなわち、義国の死により、義平陣営は、西上野・北武蔵一帯でのパワーバランスが崩れ、義賢・秩父氏が攻勢に出てくることを恐れた。そのため、これを未然に防ぐべく、義平陣営が仕掛けた「奇襲」だったと考えられるのである。

畠山氏・児玉党とのネットワーク

藤姓足利氏との主従関係、義賢・秩父氏との競合、義朝との連携――これまでの義国と義重の活動を見ただけでも、義国流清和源氏は、周囲の武士たちとの交流と相克のうえに存立していたことが知られよう。中世武士の地域での活動は、そのなかで築かれた武士たちとのネットワークのなかで展開したといえる。

義国流清和源氏が地域で築いたネットワークは、義重の活動によって、さらに広がったことが知られる。そこで、義重が築いた地域のネットワークについて、まずは秩父氏との関係からその具体的な様相を見てみよう。

大蔵合戦で重隆が滅んだことで、秩父氏の家督《かとく》は重隆の甥の畠山重能《はたけやましげよし》が継承した。実は、大蔵合戦の要因の一つには、秩父氏の内部対立もあり、重隆と対立していた重能は義朝に従い、合戦では義平とともに義賢と重隆を討ったのである（『源平盛衰記《げんぺいじようすいき》』巻二三

「畠山推参《すいさん》付大庭《おおば》降人《こうにん》の事」)。

大蔵合戦において義平陣営に属した重能は、義重と味方の関係にあったことになる。したがって、合戦後の義重は、重能を家督に戴《いただ》いた秩父氏と、一転して良好な関係を築いたと推測される。その証左として注目されるのが、義重の子義兼の妻である。

のちに「新田尼」を称するこの女性は、貞応三年（一二二四）、孫の岩松時兼《ときかね》に武蔵国春原荘《しゅんのはらのしょう》内万吉郷《まげちごう》（埼玉県熊谷市）を譲った（「正」七号）。北武蔵に所在するこの所領は、義国あるいは義重が保持した所領とは考えにくく、新田尼が実家から譲られた所領と考えるのが妥当である。大蔵合戦後、万吉郷が所在する北武蔵地域は、重能の勢力圏下に置かれたことを踏まえると、新田尼は畠山氏出身の女性だった可能性が高い。すると、義兼と新田尼の婚姻は、義重と秩父氏（畠山重能）の連携を示す事実と捉えられるのである。ただし、義重と重能の連携は、大蔵合戦後すぐになされたわけではなく、平治《へいじ》の乱《らん》後の重能の立場の変化を受けてなされたものと考えられる。

周知の通り、重能が従った義朝は、保元元年（一一五六）に京で勃発した保元《ほうげん》の乱《らん》で活躍し、平清盛《きよもり》とならんで武士の第一人者としての立場を確保した。しかし、その三年後に起きた平治の乱では、清盛に敗れ、滅んでしまった。これにより、義朝に従っていた重能の立場は悪化した。すなわち、乱後、新たに武蔵国の知行国主《ちぎょうこくしゅ》（一国の収益と支配権を与

図7　秩父平氏・児玉党関係系図

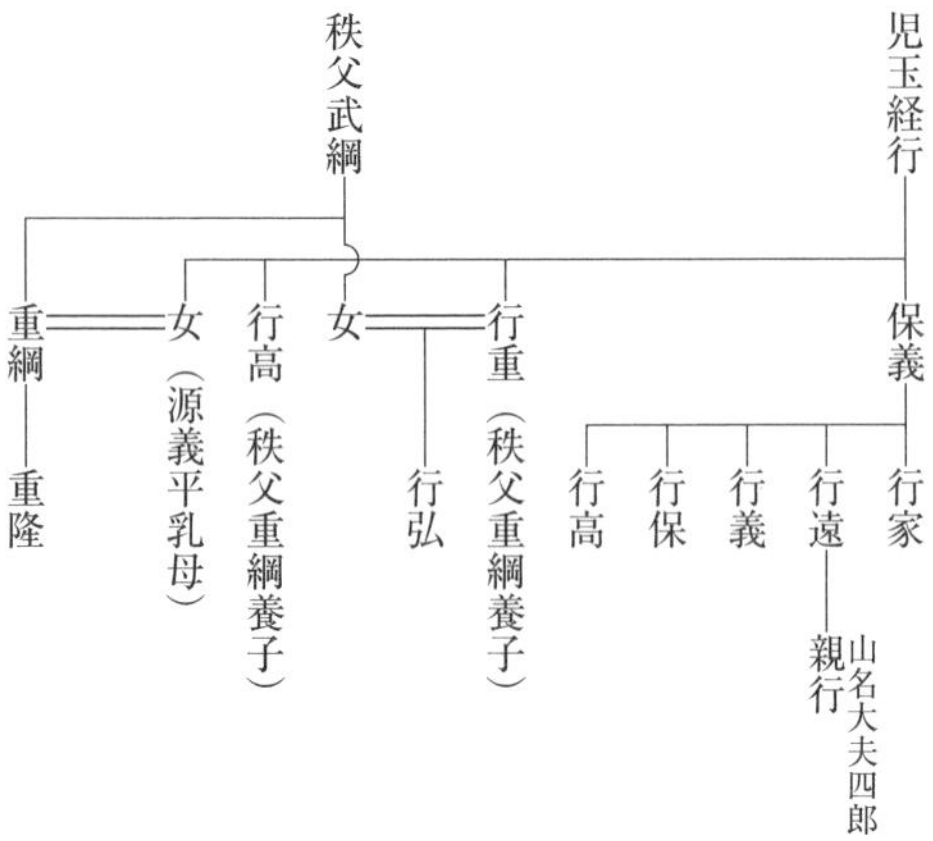

（佐々木紀一「新田義重一族伝雑々」・清水亮「中世前期武蔵武士のテリトリーと交通」の成果をもとに作成）

えられた者）となった清盛は、重能を警戒し、重能のいとこにあたる葛貫能隆《くずぬきよしたか》の子の河越重頼《かわごえしげより》を秩父氏の家督と認めたのである。この劣勢を挽回《ばんかい》するべく、重能は平氏に積極的に仕えるようになり、重頼と対峙した。こうした秩父氏内部の対立関係を背景に、重能は自身の勢力圏の背後に位置する義重との連携を求め、義兼と新田尼の婚姻という形で、これが実現したと考えられるのである。

　大蔵合戦に関連して義重が連携したと見られる勢力に、児玉党《こだまとう》がいる。児玉党は、北武蔵から西上野一帯に広く一族を展開させた武士団だった。もともと秩父氏と緊密な関係を結んでいたが、その一方で義平の乳母《うば》となった女性も輩出しており、大蔵合戦では義平側に与した。この児玉党の構成員のなかに、上野国多胡郡山名郷《やまなごう》（群馬県高崎市）を拠点とした山名氏がいたが、義重の子義範《よしのり》もこの山名郷を拠点とした。義範の山名郷進出は、一一世紀末には西上野に蟠踞《ばんきょ》していた児玉党との婚姻（婿《むこ》入り）を契機としたと考えるのが自然であり、ここに義重と児玉党の連携を見出すことができよう。

山名郷は、義重の拠点である八幡荘の東南部に接しており、八幡荘の南方を固めるために児玉党との連携を必要としたと考えられる。このように考えると、児玉党との連携の背景には、秩父氏との競合を想定できる。すると、連携の時期は、大蔵合戦以前に遡《さかのぼ》ることになる。

平賀氏・加賀美氏とのネットワーク

義重の地域ネットワークは、八幡荘の周辺域ばかりにとどまるものではなく、より広域的に築かれたことが知られる。

源義光（義家の弟）の四男盛義《もりよし》から始まり、東信濃の平賀郷を拠点とした武士に平賀氏がいたが、盛義の子義澄《よしずみ》と甥義隆《よしたか》は義重の猶子となり、「新田判官《ほうがん》代《だい》」と称した（『尊卑分脈』）。また、義澄の子義資《よしすけ》も「新田四郎兵衛《しろうひょうえ》」と称しており（『系《けい》図纂要《ずさんよう》』）、義重の猶子となった可能性が高い。このように義重は、平賀氏の一族を次々と猶子に迎え、連携を深めていった様子が確認できるのである（須藤聡「鎌倉期里見一族の動向と平賀一族」）。平賀郷は、上野国から京へ向かう東山道が碓氷峠《うすいとうげ》を越えて信濃国へ入った地点に位置したことから、義重が平賀氏との連携を重視した目的は、八幡荘から京へ向

図8　平賀氏・加賀美氏関係系図
（太字の人物は義重と関わる人物を示す）

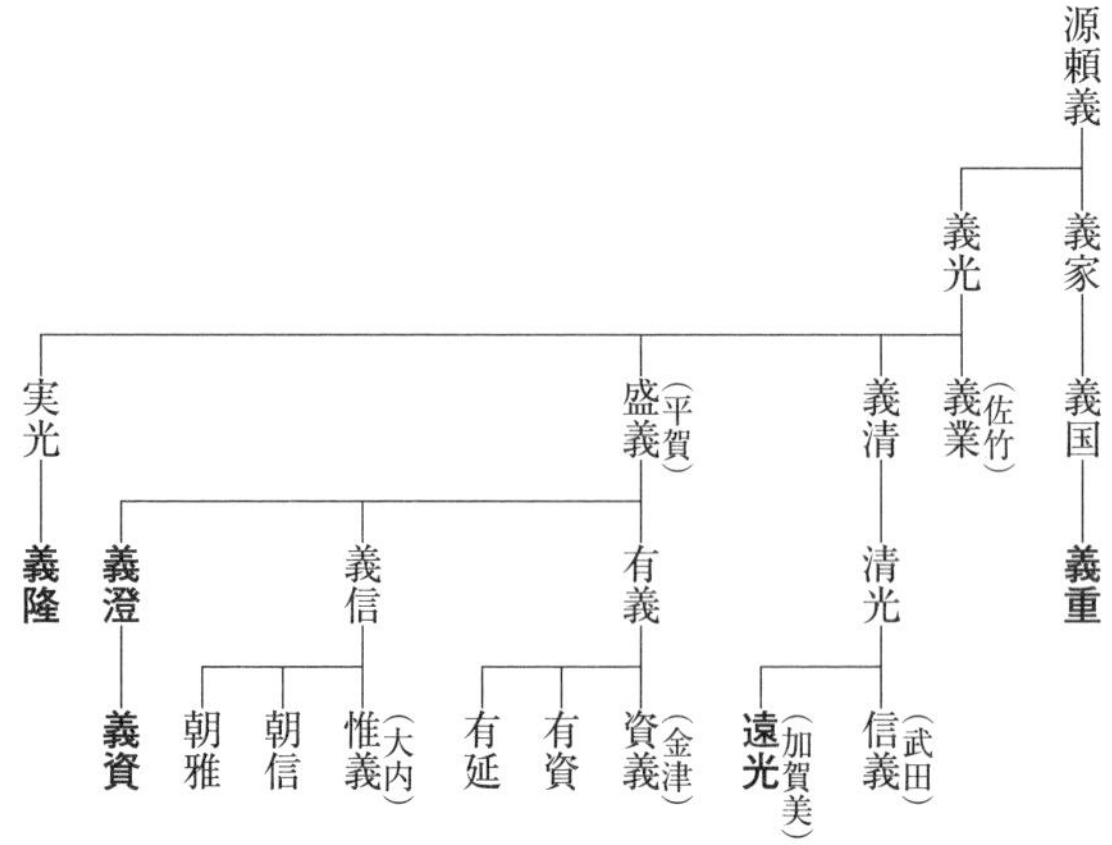

（本文中に引用した先行研究・諸史料より作成）

かう交通路の確保にあったと考えられる。

義重はさらに、義光の三男義清《よしきよ》を祖とする甲斐《かい》源氏《げんじ》の一族で、平賀氏とは義光流清和源氏の同族にあたる加賀美《かがみ》氏とも連携した。すなわち、保元二年（一一五七）に加賀美遠光《とおみつ》が元服《げんぷく》する際、義重が加冠役《かかんやく》を務めて遠光の烏帽子親《えぼしおや》となり、擬制《ぎせい》的な親子関係を結んだことが確認できるのである（「小笠原《おがさわら》系図」、『群書系図部集《ぐんしょけいずぶしゅう》　第三』所収）。実は、天治元年（一一二四）に遠光の父逸見清光《へみきよみつ》が元服した際には、義国が加冠役を務めていることから（「同系図」）、義重はこの先例に依拠して遠光の加冠役を務めたと見られる。

清光が拠点とした甲斐国逸見荘《へみのしょう》（山梨県北杜市）は、東信濃と国境を接する同国北西部に位置した。そして、遠光が拠点とした加賀美荘《かがみのしょう》（山梨県南アルプス市）は、逸見荘の南にあり、甲斐

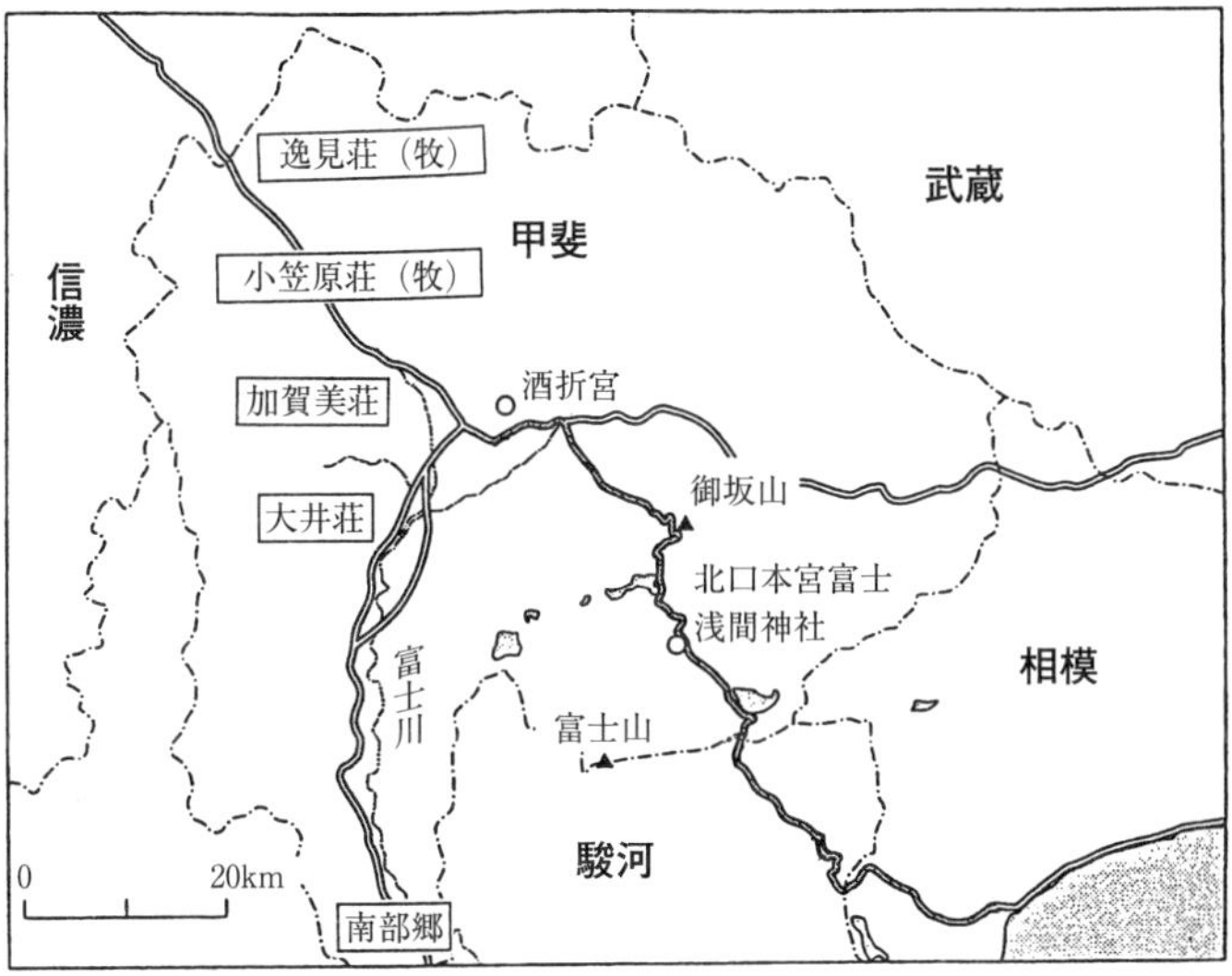

図9　加賀美氏関係所領分布図（高橋一樹『東国武士団と鎌倉幕府』236頁より、一部加筆）

西部と東信濃を結ぶ交通路上に位置した。また、遠光（加賀美氏）の一族の拠点は、甲斐西部と駿河国《するがのくに》安倍《あべ》郡《ぐん》（静岡県静岡市葵区）を結ぶ交通路沿線に展開した（西川広平「甲斐源氏」）。

通常、北関東と京を結ぶ東西交通路として想起されるのは、下野—上野—信濃—美濃《みの》—近江《おうみ》を通過する東山道だが、一二世紀段階では、東山道と東海道《とうかいどう》を部分的に組み合わせて利用するのが一般的だったと指摘されている（高橋一樹『東国武士団と鎌倉幕府』）。すなわち、最初に東山道を利用して北関東から京へ向かう場合、途中で信濃から甲斐を経て駿河、あるいは信濃から遠江《とおとうみ》というコースを介して東海道へ抜け、京へ向かうのが一般的だったというのである。この指摘を踏まえると、清光・遠光父子、そして遠光の一族の拠点は、東山道と東海道をつなぐ交通路を押さえる形で展開したことが知られよう。したがって、義重が義国にならって甲斐源氏と連携した目的も、八幡荘から京へ向かう交通路の確保にあったと理解できる。義国と同じく、八幡荘と京を適宜往反していたであろう義重にとって、東西交通路の確保は必須の課題だったのである。

義重の在京ネットワーク

在京活動を行った義重は、当然のことながら、京でもネットワークを築いた。そこで、これについても、具体的に確認しておきたい（須藤聡「中世成立期上野国と受領・武士団の動向」）。

まず注目されるのが、源（豊島《てしま》）親弘《ちかひろ》の娘（あるいは孫娘）で、義兼と義季《よしすえ》の母になったという義重の妻である（「長楽寺系図」、『群馬県史　資料編5』所収）。親弘は、頼信の兄頼親《よりちか》を祖とする大和源氏《やまとげんじ》に属す武士で、拠点の一つである摂津国豊島郡《せっつのくにてしまぐん》（大阪府池田市・豊中市・箕面市・吹田市の一部）を名字の地とし、主に京で活動していた。親弘は、鳥羽の北面の武士に加わり、義国とともに強訴の撃退に派遣されたこともあった（『本朝世紀』久安三年〈一一四七〉七月二四日条）。両者は、ともに鳥羽に仕える同僚であり、これが縁となって義重と親弘の娘の婚姻が成立したと見られる。

図10　新田氏・豊島氏・藤原忠雅関係系図
（太字の人物は新田荘の立荘に関わった人物を示す、＊義重の妻は親弘の娘もしくは孫娘）

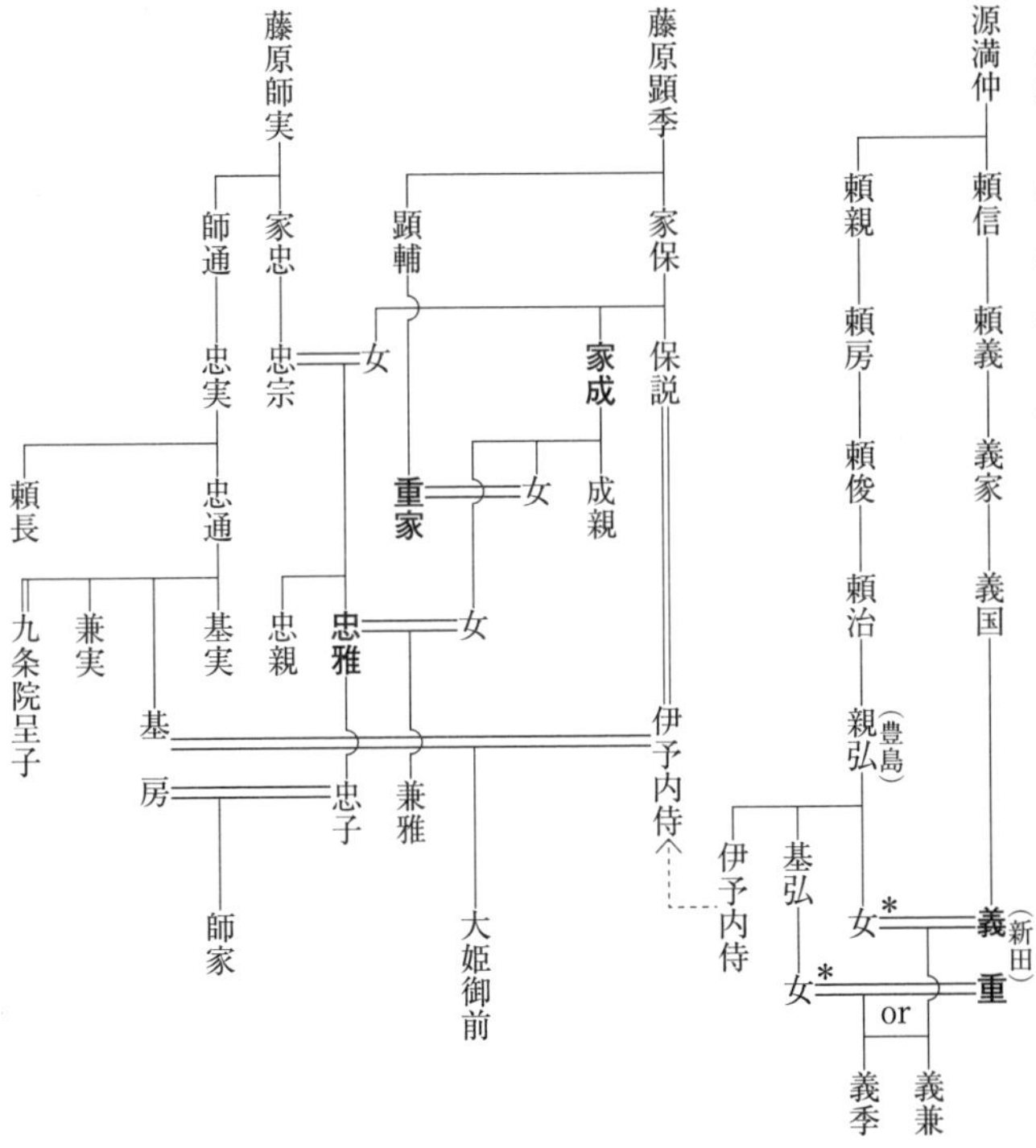

（須藤聡「中世成立期上野国と受領・武士団の動向」の成果をもとに作成）

仁安二年（一一六七）に後白河院《ごしらかわいん》の女御《にょうご》（中宮より下位の天皇の妃）となった平滋子《しげこ》（建《けん》春門院《しゅんもんいん》）の侍所《さむらいどころ》（家政機関のうち警備を担当する部署）の侍長《さむらいちょう》に、「源朝臣義兼」という人物を確認できる（『兵範記《ひょうはんき》』仁安二年正月二七日条）。この人物を、義重と親弘の娘との間に生まれた義兼とする見解（須藤聡「中世成立期上野国と受領・武士団の動向」）があるが、これが妥当だとすると、この頃には成人していたことになる。すると、義重と親弘の娘の婚姻時期は、久安五～六年頃と推測される義重の在京開始まもなくの頃と推測される。しかし、この婚姻時期は妥当と考えるが、仁安二年時の義兼は十七、八歳となり、侍長を務めるには若すぎる。したがって、滋子の侍長として現れる義兼は、別人と考えたい。

豊島氏との婚姻は、義重に中央政界の有力者とのネットワークを築くきっかけを与えた。すなわち、義重の妻となった親弘の娘の姉妹（義重の妻が親弘の孫娘の場合は伯叔母）には、後白河の子の二条《にじょう》天皇に仕えた伊予内侍《いよのないし》という女性がおり、彼女は藤原保説《やすとき》の養女になっていた（『山槐記《さんかいき》』応保元年〈一一六一〉一二月一七日条）。保説は、鳥羽の最有力の近臣《きんしん》として権勢を振るった藤原家成《いえなり》の弟であり、姉妹には、のちに太政大臣《だいじょうだいじん》となる藤原忠雅《ただまさ》の母がいた。このように義重の妻方のネットワークには、中央政界の有力者が連なっており、義重はこれを介して、彼らと面識を持つことができたと考えられる。そして実際、彼らのなかから、義重の在京活動を強く支援する人物が現れた。それが藤原忠雅である。

保元四年（一一五九）正月、義重は後白河の女御藤原琮子《そうし》の御給《ごきゅう》（任官・加階《かかい》を請求できる権利）で大炊助《おおいのすけ》という官職に任官した（「大間書《おおまがき》」、『群書類従　第七輯』所収）。この事実から当時、義重は、琮子に仕えていたことがわかるが、そのきっかけを与えたのが忠雅だった。すなわち、忠雅は、後白河の信任厚い近臣だったことから、おそらく忠雅の推挙を得て、義重は琮子に仕えるようになったと見られるのである。忠雅はまた、関白《かんぱく》藤原忠《ただ》通《みち》の子基房《もとふさ》に娘を嫁がせるなど、摂関家とも親しく交流していた。前述したように、義重は近衛の中宮の九条院呈子にも仕えていたが、呈子は忠通の養女だった。したがって、義重が呈子に仕えるようになったのも、忠通と親しい忠雅の推挙があってのことと見られる。

このように義重は、姻族となった豊島氏を仲介として、藤原忠雅という中央政界の有力者と深く結びつくことに成功し、その支援を受けて在京活動を行っていたのである。こうした義重と忠雅の緊密な関係を踏まえると、次節で見るように、忠雅が義重から私領《しりょう》の寄進《きしん》を受け、新田荘の領家《りょうけ》になったことも、自然に理解できよう。

義重は、地域と京を往反する活動に即して、双方にネットワークを築いた。そして、この二つのネットワークを基盤として、義重の新たな拠点となる新田荘が成立するのである。それでは、新田荘は、いかにして成立したのか。また、なぜ義重は、新田荘を名字の地としたのか。節を改めて、その具体相を見てみよう。

新田氏成立の政治史

新田荘下司職となる

保元二年（一一五七）三月八日、源義重は新田荘下《げ》司《し》職《しき》に任命された（「正」一号）。新田荘の成立を考えるうえで重要な史料なので、全文を紹介しよう。

左衛門督《さえもんのかみ》家政所《けまんどころ》下《くだ》す、上野国新田《にったの》御《み》庄官《しょうかん》等
　下司職に補任《ぶにん》す、
　源義重
右の人、地主《じしゅ》たるにより、下司職に補任すること件《くだん》のごとし、御庄官等宜《よろ》しく承知すべし、件によりこれを用いよ、敢《あ》えて違失《いしつ》すべからず、故《ことさら》に下す、
　保元二年三月八日　案主《あんじゅ》宮内《くないの》録《さかん》菅野《すがの》

（以下、連署者略）

これを見ると、義重は、「左衛門督家政所」から新田荘下司職に任命されたことがわかる。当時の左衛門督は、前年九月一七日に任命された藤原忠雅だった（『公卿補任《くぎょうぶにん》』）。したがって、右の史料は、忠雅が義重を新田荘下司職に任命したことを示している。なお、政所とは、三位《さんみ》以上の上級貴族が設置した家政機関としての家のなかで、家政事務を担う部署である。ちなみに、保元二年時の忠雅の位階は、正三位《しょうさんみ》だった（『公卿補任』）。

下司は、荘園の現地管理者である荘官たちをとりまとめるポストだが、その任命権を忠雅が握っていたのである。つまり忠雅は、新田荘の荘務《しょうむ》（荘園の支配）を執行する立場にいたことがわかり、これは領家の立場と理解できる。新田荘は、鳥羽の御願寺《ごがんじ》（天皇家の人びとの願いにより建立された寺院）である金剛心院《こんごうしんいん》の財政を支える荘園として設立されたことが明らかにされており、鳥羽（没後は後白河）が管理する金剛心院を本家《ほんけ》と仰ぐ荘園だった。したがって、保元二年時の新田荘は、本家＝金剛心院（後白河）―領家＝藤原忠雅―下司＝源義重、という組織を整えたことになる。

義重は、下司というポストに就いて新田荘の現地支配に携わることになったわけだが、右の史料を見ると、義重が下司に任命された根拠は「地主」だったことにあるとわかる。それでは、「地主」とはいったい何か。

義国・義重の私領形成

一一世紀以降、荒廃地の再開発を国司に申請して許可を与えられた者は、資本（開発料）の投下を含む開発を推進した。このように、国司に開発申請をして認可された開発予定地を私領というが、「地主」とは、私領の主を意味する語句として使用されたことが明らかにされている（山本隆志『新田義貞』、鎌倉佐保『日本中世荘園制成立史論』）。地主＝私領主は、開発を進めて田地が開墾《かいこん》されれば、国衙へ官物《かんもつ》（貢納物）の納入を義務づけられたが、加地子《かぢし》という私領主としての収益を得ることが認められた。

　地主の実態がこのようなものだとすると、義重は、新田荘の前身である新田郡《にったぐん》に出現した荒廃地の再開発を国司に申請して認可をもらい、そこに私領を形成したと考えられよう。義重が形成した私領は、先行研究で指摘されてきた通り、仁安三年（一一六八）六月二〇日付の置文（「長」一二三号）に見える「こかん（空閑）」一九郷と見てよいだろう。空閑とは、多少の耕地を含む、なお開発を必要とする荒蕪地《こうぶち》を意味するからである。

　ところで、義重が新田郡の再開発を申請したきっかけは、何だったのか。それはおそらく、新田荘成立のおよそ半世紀前の天仁元年（一一〇八）七月二一日に起きた、浅間山の大噴火と考えられる。

　このとき浅間山が噴出した大量の火山灰は、北関東諸国の広い範囲にわたって降り積も

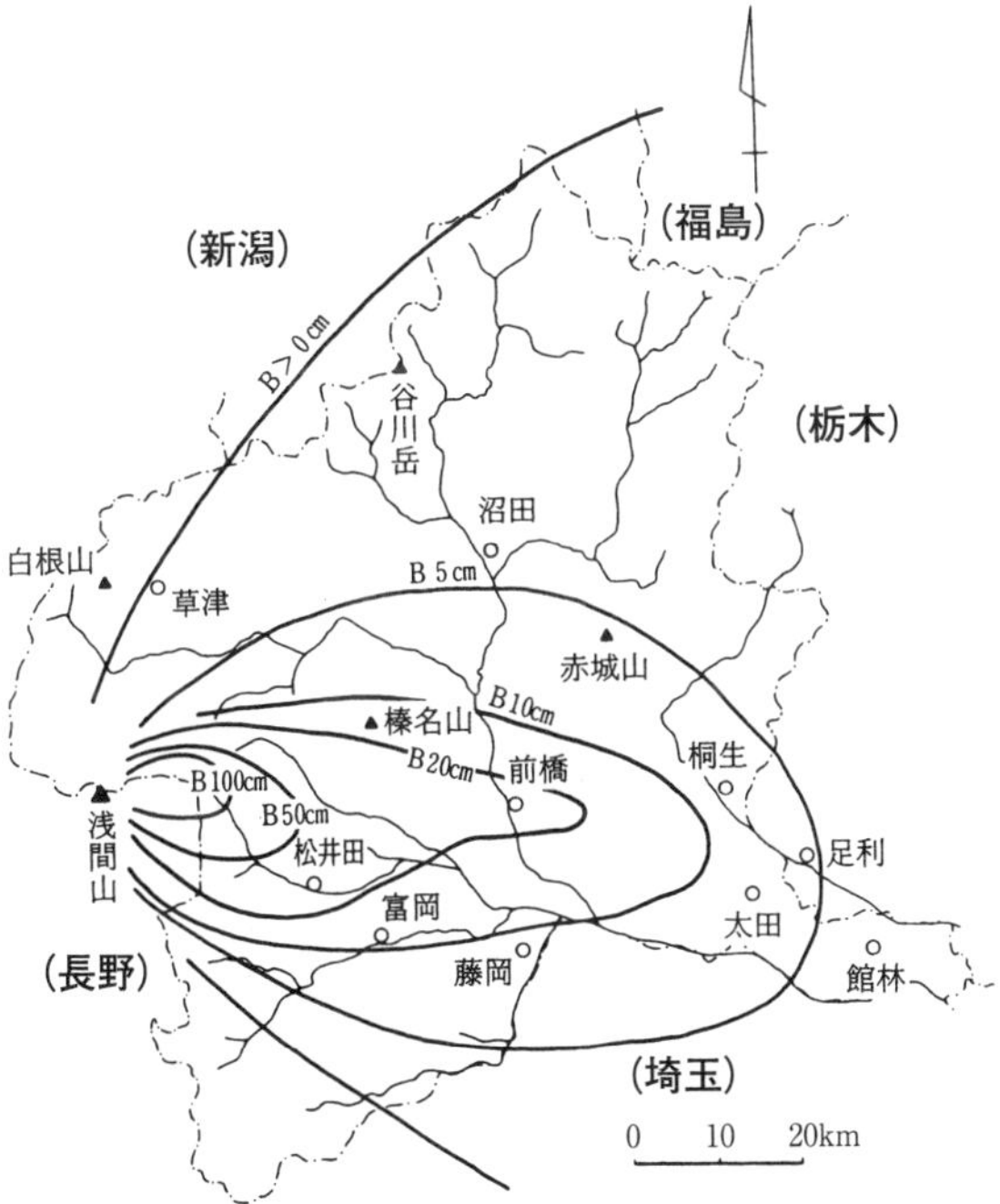

図11　天仁元年噴出浅間Ｂ軽石降下厚の等位分布（『太田市史通史編　中世』10頁より）

り、上野国を中心とする周辺地域に甚大な被害をもたらしたことが、考古学の発掘調査で確認されている。北関東諸国では、この火山災害からの復興政策として国衙が荒廃地の再開発を奨励しており、義重はこれに応える形で、新田郡の再開発を申請したと考えられるのである。しかし、上野国では、火山災害の被害が甚大だった国衙周辺でも早くから復興が進められたことが、発掘調査で確認されている。この事実を踏まえると、義重の再開発申請は、浅間山の噴火から程なくして、上野国司が復興を企図した時期にまで遡らせて考えることができる。

すると、永久二年（一一一四）の生まれと推測される義重は、浅間山噴火後の時期はいまだ幼少だったことから、義重自身が申請したとは考えにくいことになる。実際は義国が申請し、地主の立場は義国の段階に築かれたと考えるのが自然だろう。保安二年（一一二一）、義国の妻の兄にあたる藤原令明が上野国司（上野介）になった事実に注目すると、令明の国司在任中に義国が申請し、私領を形成した可能性が高いと考えられる。なお、義国が新田郡の再開発に着手したのは、そこが義国の拠点の一つである足利荘の渡良瀬川《わたらせがわ》対岸にあり、義国の勢力圏下に置かれていたためと考えられよう。

義国によって新田郡に私領が形成されたとしても、当時の義国は在京活動を行っていたため、義国が新田郡に常駐して開発実務に携わるのは難しかったと思われる。したがって、義国の意向を受けながら、新田郡現地で開発実務に携わったのは家人の藤原家綱であり、やがて義重も成長するにおよび、携わるようになったと考えられる。こうして義国の地主の立場は、義重へ継承されたのである。

未完の巨大用水路「女堀」

義国・義重によって開発が進められた新田郡の私領＝空閑一九郷は、その西南部に位置する。この地域は早川《はやかわ》最下流域の沖積《ちゅうせき》地帯だが、早川流域は渡良瀬川から取水する岡登用水《おかのぼりようすい》が存在した明治初期においても、いぜんとして乏水《ぼうすい》地域だったという（須藤聡「新田荘成立試論」）。したがって、この地域の開発には、灌漑《かんがい》用水路の建設が不可欠だったことがわかるが、そこで注目されるのが女堀《おんなぼり》の存在である。

女堀は、群馬県前橋市上泉町の桃ノ木川《ももきがわ》（旧利根川）から取水し、同県伊勢崎市田部井町までの標高九五メートルに沿った、堀幅一五〜三〇メートル、総延長約一三キロにもおよぶ灌漑用水路である。掘削《くっさく》年代は、いまだ確定されていないが、一二世紀半ば、ないしはそれより少し下る時期と考えられている。当該期段階では、ほかに類を見ない巨大用水路である。

女堀は、途中分水のない終末転送水と考えられている。したがって、終末点に位置する早川下流域の田部井町が受益地となる。義国・義重が開発した空閑一九郷は、田部井町よりさらに下流の早川最下流域に所在するため、女堀が空閑一九郷をも灌漑対象としたのか

図12-1　女堀遺構の現状（群馬県伊勢崎市、赤堀菖蒲園）

図12-2　発掘直後の女堀（群馬県前橋市飯土井町、群馬県埋蔵文化財調査事業団提供）

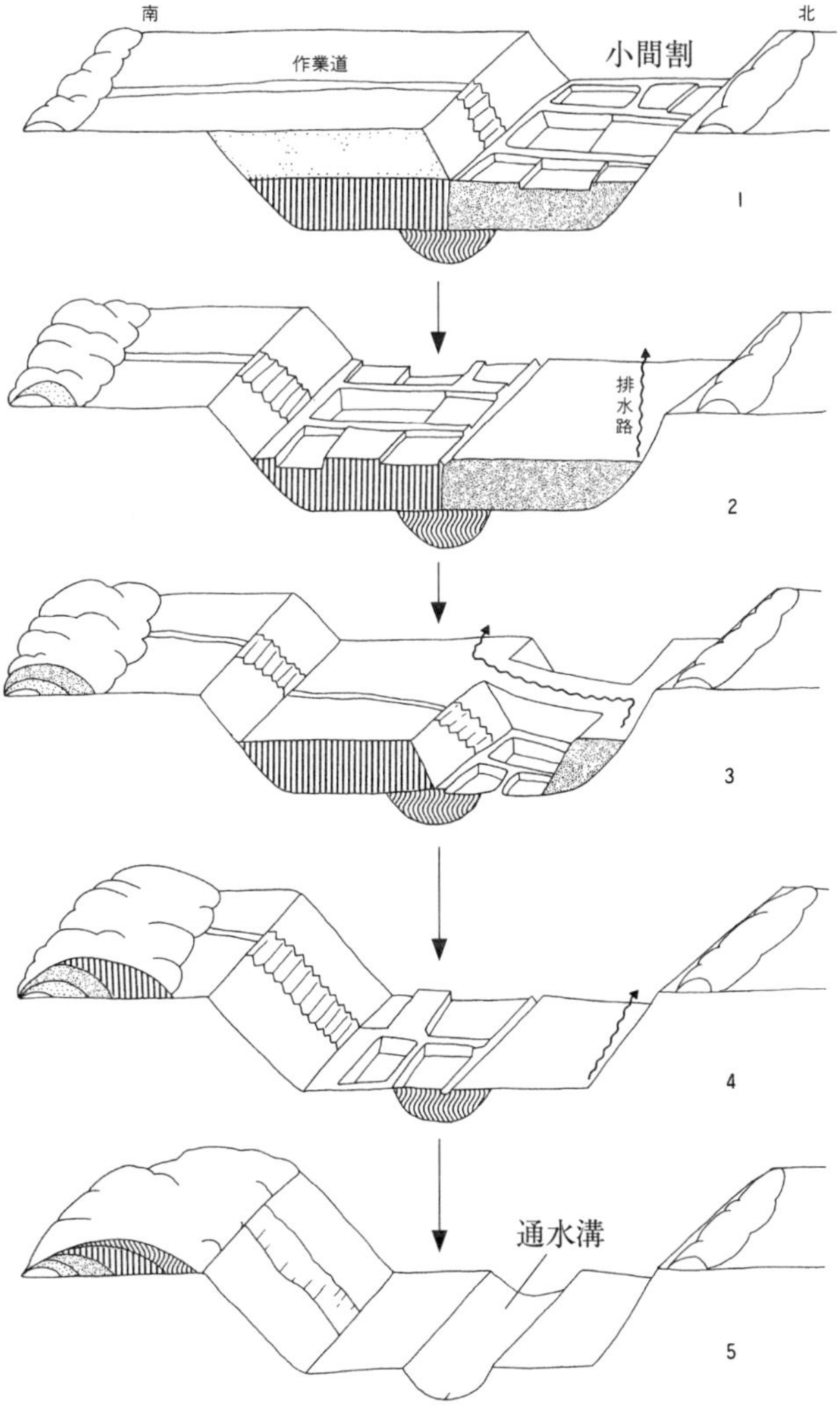

図13　女堀掘削工程の模式図（能登健・峰岸純夫編『浅間火山灰と中世の東国』110頁より、一部加筆）

についてては議論がわかれている。しかし、近年、田部井町の東側に、早川に至る約二・七キロの「佐位《さい》の大堀《おおぼり》」が確認され、女堀の終末点が早川本流まで延長される可能性が出てきた。この発掘成果を踏まえると、早川最下流域も女堀の灌漑対象地域となり、空閑一九郷もそこに含まれることになる。したがって、本書では、女堀開削《かいさく》の目的には新田郡西南部の空閑一九郷の開発も含まれていたと積極的に捉え、簡単ではあるが、女堀の概要について紹介しておきたい。

女堀は、一九七九年から始まった発掘調査、および文献史学との共同研究によって、徐々にその実態が明らかにされつつある。それらの成果によると、女堀は次のようにして造られたことがわかってきた（『中世の巨大用水路『女堀』の謎に迫る！』）。

すなわち、女堀は、全線の掘削作業が行われていることから、開削工事は工区編成をもとに一斉に始められたことがわかる。一工区は約三〇〇メートルと想定され、そのなかを一〇メートル程の幅に区分し（大型小間割《こまわり》）、さらに細分して（小型小間割）作業を行っていた。また、全体を一度に掘り下げるのではなく、堀の北と南をわけて、出水のある北側を常に先行して掘削した行程が想定されている。堀は逆台形に掘削して中段を造り、幅五～一〇メートル程の通水溝《つうすいこう》を設けて、ここに水を流そうとしたようである。

いま、「水を流そうとした」と述べたのは、女堀の工事の多くが途中で放棄されているため、どうやら女堀は未完成に終わったと考えられているからである。その理由は、工区境での通水溝の食い違いや掘削深度の不足という、工事のずさんさが確認されることから、統一した進行計画と測量基準点がなかったことに求められるようである。全線にわたる長大な区間の掘削という大土木工事を行ったにもかかわらず、女堀は用水路としては機能せずに終わったのである。

女堀の開削主体

女堀は、上野国の在庁官人《ざいちょうかんじん》（国衙に勤める役人）を務めていた藤姓足利氏が、赤城山南麓《あかぎやまなんろく》台地に成立させた荘園群を東西に貫く形で開削された。現時点において、女堀の終末点と有力視されている早川下流域の田部井町も、藤姓足利氏が佐位郡《さいぐん》に成立させた淵名荘《ふちなのしょう》（群馬県伊勢崎市）の東部に位置している。これらのことから、これまで女堀は、天仁元年の浅間山噴火後に、中央および上野国衙の政治的・技術的後援のもと、藤姓足利氏によって佐位郡（淵名荘）全体の復興＝再開発のために開削されたと考えられてきた。

しかし、前述したように、佐位の大堀が確認されたことで、女堀の終末点を早川本流まで延長し、空閑一九郷のある早川最下流域も女堀の灌漑対象地域と捉えられる可能性が出てきた。この事態を受けて、近年では、女堀の開削目的・主体の見直しが進められている（須藤聡「北関東の武士団」・「新田荘成立試論」・「下野藤姓足利一族と清和源氏」）。

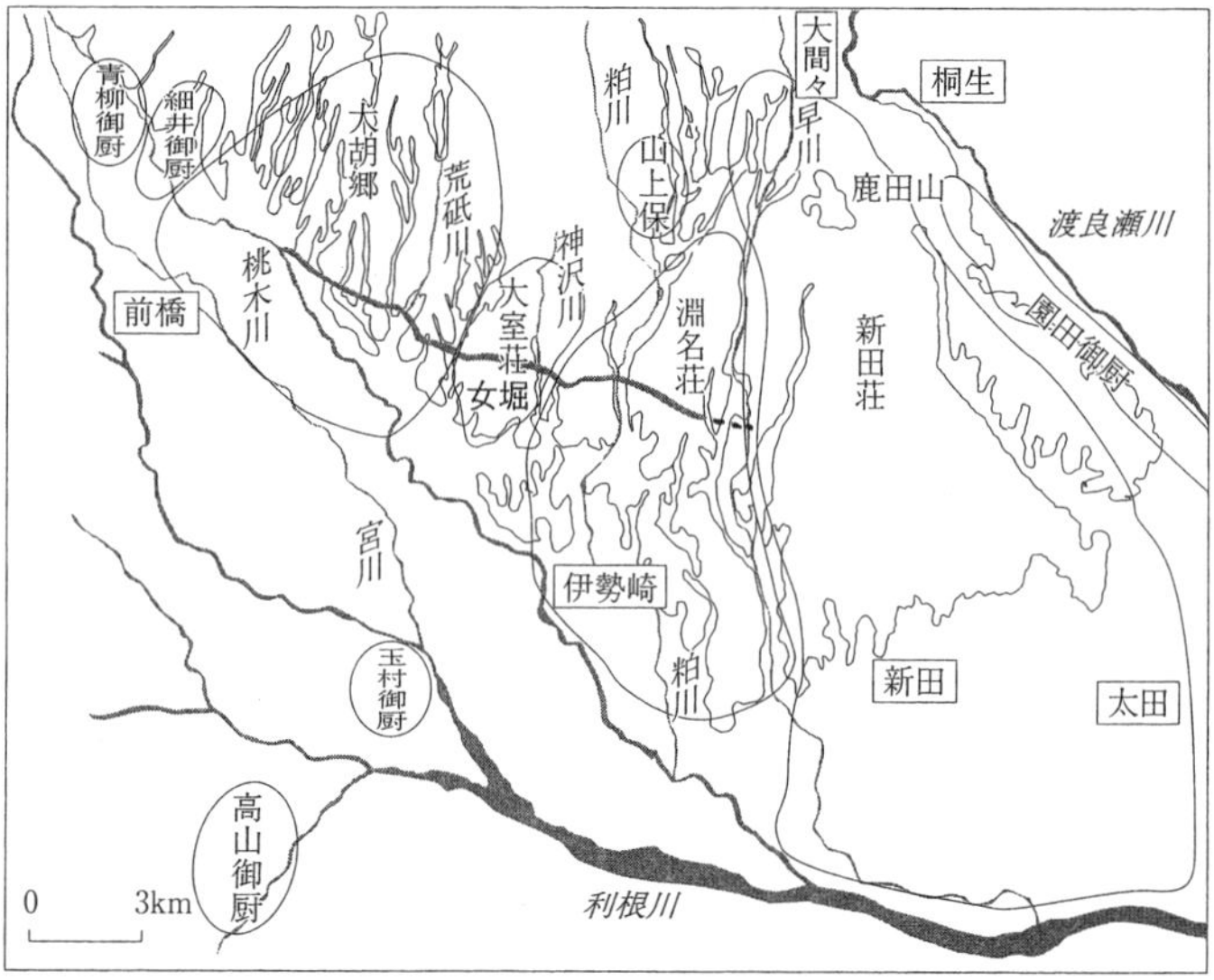

図14　赤城山南麓の荘園・公領と女堀（鈴木哲雄『平将門と東国武士団』258頁より、一部加筆）

それによると、女堀は、新田・佐位両郡の境界地域の開発を目的として開削されたのであり、新田郡の再開発をねらう義国流清和源氏と、佐位郡の再開発をねらう藤姓足利氏との共同プロジェクトとして計画されたという。そして、女堀は、義国流清和源氏と藤姓足利氏との活動形態の違いに根ざした分業体制（補完関係）のうえに開削されたという。すなわち、京に活動基盤を置く義国流清和源氏は、鳥羽に仕えて院権力と結びつき、さらに上野国司を務めた藤原令明を義国の義兄に持つなど、中央政界との太いパイプを背景に新田郡の再開発をねらっていた。一方、藤姓足利氏は、一一世紀後半には中央での地位を失って上野国の在庁官人となっており、佐位郡の再開発に必要な多くの資本と新しい技術の導入を図るべく、中央政界とのパイプ役を求めていた。女堀の開削は、このように中央政界とのつながりを背景に新田郡の再開発をねらう義国流清和源氏と、上野国衙を押さえて佐位郡の再開発をねらう藤姓足利氏とが、互いの思惑を一致させて分業体制を築くことで、実現したと考えられるというのである。

本書では、女堀の灌漑対象地域には新田郡西南部も含まれるという見解を支持したい。したがって、女堀の開削主体には、右に見た近年の研究成果に則って、義国流清和源氏も含めたいと考える。しかし、こうした考え方も、今後の発掘調査の結果次第で、大きく変わる可能性がある。女堀にはほかにも、桃ノ木川からの取水口や、途中の河川・谷戸《やと》との交差地点の処理など、解明されていない謎がまだまだたくさんある。今後の発掘調査と文献史学との共同研究の成果には、これからも注目していきたい。

立荘論から見る新田荘

本節の冒頭に見たように、保元二年、義重は新田荘下司職に任命された。かつては、この事実を重視して、保元二年を新田荘の成立時期と考えてきた。しかし、現在では、新田荘が鳥羽の御願寺である金剛心院の財政を支える荘園だったことが判明したことを受けて、その落慶供養《らっけいくよう》のあった久寿元年（一一五四）が成立時期として有力視されている。

新田荘の成立をめぐっては、もう一つ、議論のわかれている問題がある。それは、新田荘の成立を二段階にわけて考えるか否かという、成立形態に関する問題である。新田荘の成立を二段階にわけて考える、いわば二段階成立論とは、久寿元年（あるいは保元二年）に義国・義重によって形成された私領をベースに新田荘が成立し、それが嘉応二年（一一七〇）に新田郡全体に拡大されたと捉える議論である。一方、これを否定する議論は、立《りっ》荘《しょう》論《ろん》の成果を踏まえて、久寿元年に新田郡全体を対象として、新田荘が成立したと捉えている。

立荘論とは、荘園の成立の契機（起点）として、開《かい》発《はつ》領《りょう》主《しゅ》からの寄進よりも、天皇家（院・女院《にょいん》）や摂関家と当該国の国司との連携・主導による立《りっ》券《けん》荘《しょう》号《ごう》＝立荘（荘園認定）の手続きを重視する研究のことである（川端新『荘園制成立史の研究』、高橋一樹『中世荘園制と鎌倉幕府』）。一見してわかる通り、立荘論の意義は、これまでの開発領主を起点とした寄進の連《れん》鎖《さ》によって荘園が成立するという考え方を著しく相対化した点にあるが、そのほかに、もう一つ重要な意義がある。それは、立荘により、その前後において荘園の領域が構造的に大きく変化したことを明らかにした点である。すなわち、天皇家・摂関家と当該国の国司とが連携・主導して、寄進されたわずかな私領をベースに、その周囲にある公《こう》領《りょう》（国衙が支配する所領）や他領を包摂《ほうせつ》して立荘を行うことで、郡規模の広大な領域を持つ荘園が形成されたことを明らかにしたのである。

右に見た立荘論は、荘園制成立史に関する研究を飛躍的に進展させ、現在の学界において大方の支持を受ける有力な学説となっている。こうした現状に鑑《かんが》みると、新田荘の成立形態も、立荘論に即して理解した方が妥当と判断される。すなわち、久寿元年の金剛心院の落慶供養にあわせて立荘された新田荘は、成立当初より郡規模の領域を持っていたと考えるべきである（久保田順一『中世前期上野の地域社会』、鎌倉佐保『日本中世荘園制成立史論』）。

新田荘成立の真相

それでは、立荘論に即して新田荘の成立過程を考えると、それはどのようなものになるのだろうか。前述したように、立荘の手続きは、天皇家・摂関家と当該国の国司との連携・主導のもとに行われたので、この点に留意しながら考えてみよう。

新田荘が立荘された久寿元年時の上野国司（上野介）は、藤原重家《しげいえ》という人物だった。重家は、鳥羽の最有力の近臣で金剛心院の造営を推進した藤原家成の従兄弟であり、かつ婿でもあった。そして、ここで注目すべきは、新田荘の領家の地位にあったと見られる藤原忠雅も家成の婿になっており、重家とは相婿《あいむこ》という密接な関係にあったという事実である。実際、家成・重家・忠雅の三名は、親密に交流していた様子が確認できる（「久安五年六月二十八日右衛門督《うえもんのかみ》家成家歌合《うたあわせ》」、『日本古典文学大系74　歌合集』所収）。したがって、新田荘の立荘は、この家成を中心とした閨閥《けいばつ》によって準備されたと考えられるのである。

すると、ここで想起されるのが、義重と忠雅の関係である。前節で見たように、義重は、姻族となった豊島氏を仲介として忠雅と深く結びつくことに成功し、その支援を受けて在京活動を行っていた。こうした両者の関係を踏まえると、義重は、忠雅から新田荘の立荘に関する情報を得ることができたと見て、間違いないだろう。これらのことから、新田荘の成立過程は、次のように復元できる。

すなわち、鳥羽の指示を受けて金剛心院の造営を進めていた家成は、婿でもある上野国司の重家と諮《はか》り、上野国においてその財源となる荘園の形成を企図した。この企画を家成あるいは重家から聞いた忠雅は、上野国に私領を形成していた義重に対し、立荘のベースとなる私領の寄進を打診した。義重は、義国の了解を得た後、忠雅に私領の寄進を行った。義重から私領の寄進を受けた忠雅は、家成・重家と周囲の新田郡の公領を包摂する立荘に向けた交渉・調整を行い、これが合意に達したところで、鳥羽から立荘を命じる命令が下された。ここに、一郡規模の領域を持つ金剛心院領新田荘が成立したのである。

一郡規模の広大な領域を持つ新田荘において、立荘に協力した義重は、荘官たちをとり

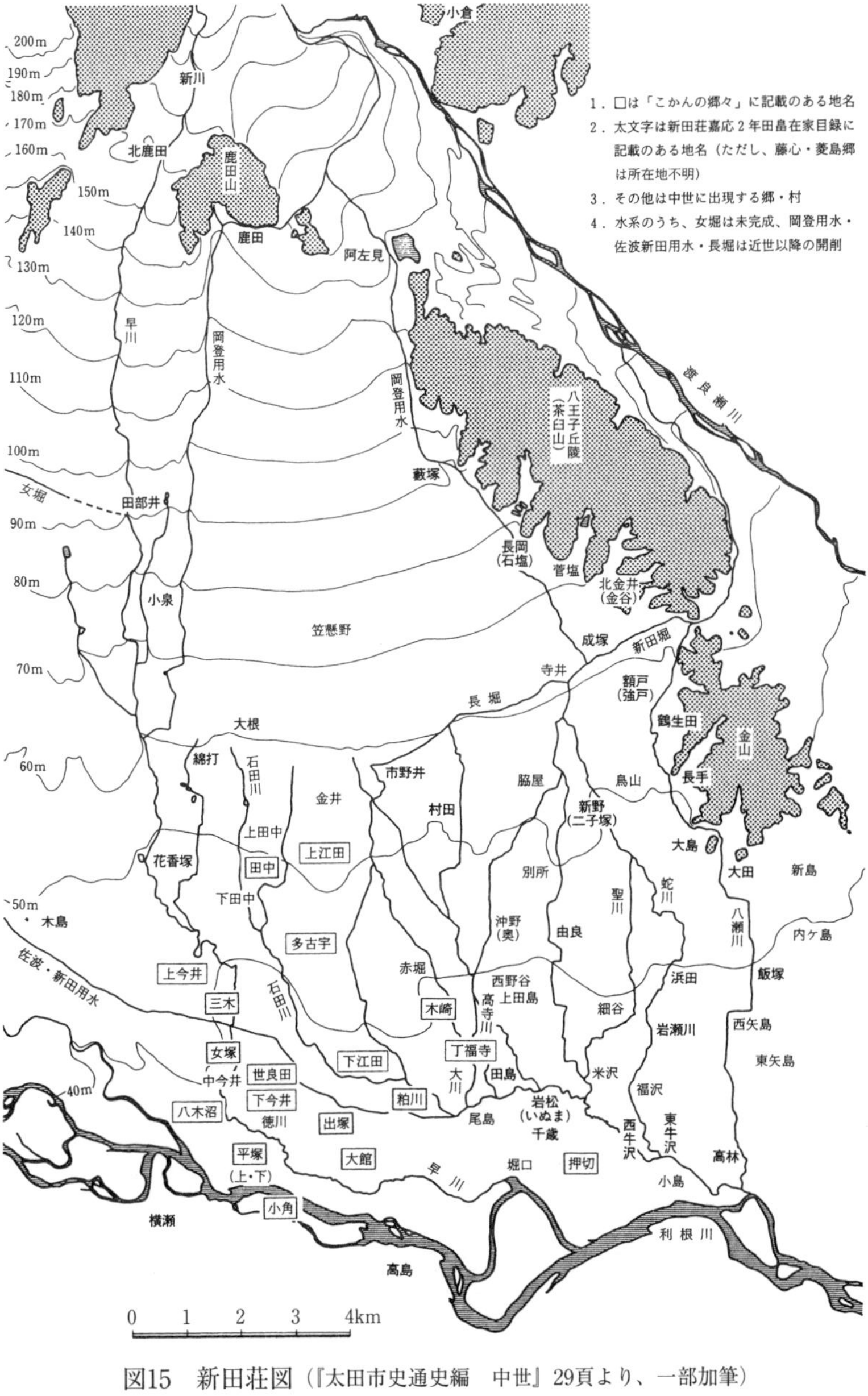

図15　新田荘図（『太田市史通史編　中世』29頁より、一部加筆）

まとめる下司職のポストに就くことができた。義重は、新田郡西南部に有していた私領よりもはるかに広大な領域を持つ荘園の下司となり、荘官たちを指揮してその現地支配を行う立場を獲得したのである。こうしたメリットを見込めたからこそ、義重は私領の寄進に応じたのだった。

新田荘田畠在家注文写の理解

現在の研究レベルに即して新田荘の成立形態を考える際、二段階成立論が成り立つ余地は、ほとんどないといわざるをえない。しかし、当然のことながら、二段階成立論にはそれを支える史料的根拠があった。それは、「新田荘田畠《でんばた》在家《ざいけ》注文《ちゅうもん》写《うつし》」（「正」八三号）という史料である。それでは、二段階成立論ではなく、立荘論の立場から新田荘の成立形態を理解すると、この史料はどのように位置づけられるのだろうか。

新田荘田畠在家注文写は、享徳四年（一四五五）閏《うるう》四月の日付を持つことから、鎌倉《かまくら》公方《くぼう》足利成氏《しげうじ》が関東管領《かんとうかんれい》上杉憲忠《うえすぎのりただ》を暗殺したことに端を発した享徳《きょうとく》の乱《らん》に際し、当時、新田荘を支配していた岩松持国《もちくに》が、成氏に所領の安堵《あんど》を求めて提出した文書と考えられている。しかし、冒頭に「につた《（新田）》のミしやう《（御荘）》かおう《（嘉応）》二ねんの目六《もくろく》」とあることから、嘉応二年に作成された文書の写しと考えられており、嘉応二年時の新田荘の実態を示す史料と評価されている。

この史料には、三九の郷名と各郷の田畠・在家数が記されているが、仁安三年に義重が置文に記した空閑一九郷の郷名（「長」一二三号）は、二郷（今井郷《いまいごう》と女塚郷《おんなづかごう》）を除くと、ほかはまったく見当たらない。二段階成立論は、この事実から、空閑一九郷から始まった新田荘が一郡規模に拡大されたことを機に、この史料が作成されたと理解した。これに対し、立荘論の成果を重視して二段階成立論をとらない研究では、この史料を嘉応二年に作成された検注帳《けんちゅうちょう》と捉え、このときの検注（年貢《ねんぐ》・公事《くじ》徴収《ちょうしゅう》のための土地調査）により荘内各郷の田畠・在家数が確定されたと理解した（久保田順一『中世前期上野の地域社会』）。つまり、この史料は、基本的に義重の私権が強くおよぶ空閑一九郷を除いた、新田荘の年貢や公事などの公的な負担を負うことになった郷々の負担基盤を記載したものと位置づけたのである。

新田荘は義重の私領をベースに、周囲の新田郡の公領を包摂して成立したという、立荘論に即した理解に立つと、新田荘田畠在家注文写を新田荘に包摂された公領部分の検注帳と捉える見解は、この理解と矛盾しない整合的な解釈といえる。よって本書では、この見解を妥当と判断したい。

嘉応二年の検注により、新田荘の年貢・公事などの公的な負担を負う郷の範囲が確定したとすれば、この作業は、新田荘の領域確定を意味したと考えられる。検注実施の二年後にあたる承安二年（一一七二）、義重は隣接する薗田御厨《そのだのみくりや》（群馬県太田市北部・栃木県桐生市南部）の荘官と相論を起こしたことが確認できるが（『玉葉《ぎょくよう》』承安二年一二月一日条）、これは新田荘の領域確定に伴う境界争いと見られる。薗田御厨は、藤姓足利氏が成立させた荘園と考えられていることから、これまで連携関係にあった義国流清和源氏と藤姓足利氏は、少なくともこのときまでには、対立・競合へと関係を変化させていたことがうかがえる。

藤姓足利氏との競合

義国流清和源氏と藤姓足利氏が対立するようになった原因は、前者の北関東における活動の深化に求められる（須藤聡「北関東の武士団」・「新田荘成立試論」・「下野藤姓足利一族と清和源氏」）。すなわち、前節で見たように、義国流清和源氏は、京と北関東の活動を義国・義重・義康の三名で分業していたが、義重が幼少の頃の北関東の活動は、家人になっていた藤姓足利氏の家綱によって担われていた。ところが、義重が成長し、北関東の活動に主体的に関わるようになった結果、義国流清和源氏は藤姓足利氏を脅かす存在になっていったと見られるのである。

たとえば、康治二年（一一四三）、藤姓足利氏が伊勢神宮内宮領《ないくうりょう》として成立させた下野国の簗田御厨《やなだのみくりや》（栃木県足利市）という荘園に対し、義国流清和源氏はこれを伊勢神宮二宮《にのみや》領《りょう》（内宮・外宮《げくう》の両方に支配される荘園）に改めるとともに、藤姓足利氏が持っていた「本領主《ほんりょうしゅ》」の立場を奪っている（永暦二年〈一一六一〉五月一日付官宣旨《かんせんじ》、『平安遺文《へいあんいぶん》』四七八四号）。

また、これまで見てきたように、義国流清和源氏は新田郡の再開発に着手したが、実は、そこには義国流清和源氏と連携した勢力も関与しており、藤姓足利氏もそのなかの一人だったと目されている。後年、宇治川合戦で勲功をあげた藤姓足利氏の忠綱は、その恩賞として新田荘を「屋敷所《やしきどころ》」に望んだ（『源平盛衰記』巻二五「南都騒動始めの事」）。このことから、藤姓足利氏は新田荘に何らかの権益を持っていたことがうかがえるが、それは藤姓足利氏が新田郡の再開発に関与したことで得たものと考えられるのである。

このように義国流清和源氏は、藤姓足利氏をはじめとする地域の諸勢力とともに、新田郡の再開発を進めたと見られるが、やがて中央政界の有力者とのネットワークを活かして、立荘に積極的に関わることで新田荘の下司職を獲得し、荘内において他の開発勢力を指揮できる公的な地位を得ることに成功した。これにより、義国流清和源氏と藤姓足利氏との間に摩擦が生じ、前者が後者を抑圧する事態が起きたと考えられるのである。

義国流清和源氏と藤姓足利氏の関係悪化を踏まえると、検注実施に先立つ二年前の仁安三年という時期に、当時、おそらく在京していたであろう義重が、義兼・義季の母である妻に対し、ひとまず「にたのみさう《(新田)(御荘)》」（新田荘下司職か）と空閑一九郷を譲り、のちに妻から義兼・義季に空閑一九郷を譲るように規定した置文と譲状（「長」一二二・一二三号）を作成した意図がよく理解できる。すなわちこれは、新田荘内に権益を持つ藤姓足利氏との対立・競合の深刻化を背景とした、荘内権益の継承を安定させるための方策だったと理解できるのである（久保田順一『中世前期上野の地域社会』）。

もともと義重は、義国から上野国府近傍の八幡荘を伝領しており、ここが上野国の本来の拠点＝本領だった。しかし、藤姓足利氏との関係悪化は、義重をして、藤姓足利氏と権益が競合する新田荘の経営に重点を置くことを決意せしめたと考えられる。ここに義重は、八幡荘から新田荘に本領を移すことになり、新田荘を名字の地とする武家「新田氏」が成立したのである。

雌伏の時代

鎌倉幕府の成立と新田氏

保元・平治の乱と義重

新田氏の成立を見届けたところで、次は鎌倉期の新田氏の様相を見ていくことにしよう。周知の通り、新田氏は鎌倉幕府の御家人となり、幕府の一員として存続した。したがって、鎌倉期の新田氏は、鎌倉幕府という組織の存在を抜きに語ることはできない。また、これから本章で見ていくように、足利氏との関係も、鎌倉幕府の存在を介して構築されていった。

そこで、本章ではまず、新田氏が鎌倉幕府に参加するまでの政治過程を見ていきたい。場面は、在京活動を始めた源（新田）義重がまもなくして遭遇した、都を舞台とした二つの争乱、すなわち保元・平治の乱から始めることにしよう。

周知の通り、保元の乱は、天皇家と摂関家の後継者争いに端を発した争乱である。保元元年（一一五六）七月二日、最高権力者の鳥羽が亡くなると、その九日後の一一日、対立を深めていた後白河天皇方と崇徳院《すとくいん》方の両陣営が武力衝突し、保元の乱が勃発した。

　史料上、この戦いにおける義重の動向は、不明である。しかし、当時、連携していた源義朝と、異母弟の義康が後白河陣営に属していたことから、義重もそのなかにいたと推測される。この戦いで義康は、百余騎を率いて参陣したが、この兵力は平清盛の三百余騎・義朝の二百余騎に次ぐ規模であり、後白河陣営の主力を構成したことがわかる（『兵範記』保元元年七月一一日条）。義康は、義重と異なり、長年京で活動していたことから、畿《き》内《ない》近国に拠点を形成していた可能性が高い。義康が率いた百余騎は、この畿内近国の拠点から動員した兵力と見られる。一方、在京活動を始めたばかりの義重は、畿内近国に拠点を持っていなかったため、さしたる兵力を動員することができなく、史料上に姿を現さなかったのだろう。義重は、義朝や義康らとともに戦闘に直接参加することはなく、後白河の御所の警固《けいご》など、補助的な役割に終始したと思われる。

　保元の乱は、崇徳方に夜襲を仕掛けた後白河方の勝利に終わった。後白河陣営の主力の一人として活躍した義康は、恩賞として、検非違使《けびいし》のまま蔵人となり昇殿《しょうでん》（殿上《てんじょう》の間に登ること）を許されるという栄誉を受けた（『兵範記』保元元年七月一一日条）。さらに、従《じゅ》五位下《ごいのげ》に叙《じょ》され、義重に先行して貴族に列した（『兵範記』保元元年八月六日条）。義康は、義国流清和源氏の嫡流の立場を固めようとしていたわけだが、翌年五月に突然亡くなってしまった（『兵範記』保元二年五月二九日条）。天治二年（一一二五）頃の誕生と目される義康は、このとき三〇歳を越えた程度の年齢だったと見られ、その子たちもいまだ幼く、義康が築いた有力在京武士としての地位は継承されなかったようである。こうして義康の急死により、義重が代わって、義国流清和源氏の嫡流に躍り出た。

平治元年（一一五九）一二月九日、保元の乱後の政界を主導していた信西《しんぜい》（藤原通憲《みちのり》）を倒すべく、藤原信頼《のぶより》と義朝が挙兵し、平治の乱が勃発した。信頼と義朝は、信西の追討に成功すると、保元の乱後に後白河に代わって即位した二条天皇の親政を掲げて、政治の主導権を握ろうとした。しかし、これに反発した二条の近臣たちは、義朝に対抗できる軍事力を持つ清盛と提携し、信頼と義朝を討ったのである。

平治の乱においても、史料上、義重の動向は不明である。義重は義朝と連携していたが、乱後も在京活動を行っていた事実に鑑みると、このとき義朝に同調したとは考えにくい。というよりも、むしろ義重は、最初から蚊帳《かや》の外に置かれていたのではなかろうか。なぜならば、前述したように、義重は畿内近国に拠点を持っていなかったと見られることから、挙兵に必要な兵力をすぐに動員することができず、そのため義朝から誘われなかったと考えられるからである。平治の乱において、義重の姿が史料上に確認できない理由を、このように考えておきたい。

長年、北関東を活動の場とし、畿内近国において軍事基盤を形成する機会に恵まれなかった義重は、武士が京で華々しく活躍した保元・平治の乱において、主要なアクターになることはできなかった。しかしながら、平治の乱ではこれが幸いして、義重は滅亡をまぬがれることができたのである。

平家家人となる

平治の乱の半年後、信頼と義朝を謀反人《むほんにん》として追討した清盛は、恩賞として正三位に叙された（『公卿補任』）。義朝亡き後、清盛は最大の軍事力の保持者となったが、さらに武士として初めて公卿に昇進して政治的地位を大きく上昇させ、朝廷における最有力の貴族となったのである。

平治の乱後の朝廷は、後白河と二条が政治の主導権をめぐり対立した。当初、清盛は、二条派に属していたが、永万元年（一一六五）の二条の死去により、妻平時子《ときこ》の妹滋子を妃とした後白河と結び、その院政を支える存在になった。中央政界は、滋子を介して協調関係を築いた、後白河と清盛によって束ねられる時代になったのである。

こうしたなか、義重は平家に仕えるようになった様子が確認できる。仁安年間（一一六六〜六九）、清盛に代わって平家の家督となっていた重盛《しげもり》は、「足利庄領主職《りょうしゅしき》」を藤姓足利氏の俊綱から取り上げ、義重に与えたという（『吾妻鏡』養和元年〈一一八一〉九月七日条）。俊綱の訴えによりすぐに返還されたようだが、義重は、当時競合していた藤姓足利氏の権益を重盛から与えられたことが確認できる。したがって、仁安年間には、義重は重盛の家人になっていたと見られる。

ところで、右の『吾妻鏡』の記事には、重盛は「本家」と見えるが、足利荘は鳥羽の御願寺である安楽寿院《あんらくじゅいん》を本家と仰ぐ荘園として成立したことから、重盛を足利荘の本家と考えることはできない。平家は、他領荘園の下司に自分の家人を推挙して送りこんでいたという事例（『顕広王記《あきひろおうき》』安元三年〈一一七七〉二月二二日条）が確認できることから、右のエピソードも、重盛が家人の義重を俊綱に代えて足利荘の下司に推挙し、送り込もうとした事実を伝えているのかもしれない。

義重は重盛の家人になったが、後述するように、のちに東国で平家に対する反乱が起きた際、義重は重盛の異母弟にあたる宗盛《むねもり》の命令を受けて東国に下向している。したがって、このときには、宗盛の家人になっていたことがわかる。治承三年（一一七九）七月に重盛が亡くなったことを受けて、義重は宗盛に仕えるようになったのだろう。

義重の東国下向

建春門院滋子を介して、政治的に協調してきた後白河と清盛だったが、安元二年（一一七六）七月に建春門院が亡くなると、両者の関係は急速に疎遠となり、政治的に対立し始めた。治承三年一一月、両者の対立はピークに達し、ついに清盛は武力クーデターを決行した。ここに、後白河の院政は停止され、清盛の婿である高倉《たかくら》天皇の親政が発足したのである。高倉はまもなくして、子であり清盛の孫でもある言仁《ときひと》親王（安徳《あんとく》天皇）に譲位し、高倉による院政が始まった。

後白河の院政を停止した清盛は、後白河とその近臣から知行国を奪い、平家一門や与党貴族に分配した。これらの知行国では、目代《もくだい》（国司の代官）や在庁官人に平家の一門や家人が起用されたため、従来からいた在庁官人と軋轢《あつれき》が生じた。また、後白河の院政停止と安徳の擁立は、朝廷内部において平家に対する王権簒奪《さんだつ》の疑念を生んだ。さらに清盛は、平家と関係の深い厳島社《いつくしましゃ》を重視し、従来の宗教界秩序を改変しようとしたため、京周辺の大寺院の反発を招いた。こうして中央・地方・宗教界の各分野で、反平家の気運が高まっていった。

治承四年（一一八〇）四月、後白河の皇子以仁王が、平家の王権簒奪を糺弾《きゅうだん》して清盛追討の令旨《りょうじ》（皇太子・親王・三后《さんごう》・女院の発給する文書）を発し、摂津源氏《せっつげんじ》の源頼政と挙兵した。反乱はすぐに鎮圧されたが、令旨はすでに各地の反平家勢力に届けられていた。八月一七日、義朝の子で、平治の乱の敗戦により伊豆国《いずのくに》に流罪《るざい》になっていた頼朝が、令旨に応じて挙兵した。周知の通り、頼朝は伊豆国の目代山木兼隆《やまきかねたか》を討つことに成功したが、二三日に相模国《さがみのくに》の石橋山《いしばしやま》（神奈川県小田原市）で平家方の大庭景親《おおばかげちか》に敗れ、海上から安房国《あわのくに》へ逃れた。しかし、頼朝とほぼ同時に、甲斐源氏の武田信義《たけだのぶよし》・安田義定《やすだよしさだ》・加賀美遠光が挙兵しており、九月になると頼朝の従兄弟の源義仲（父は大蔵合戦で討たれた義賢）も信濃国で挙兵し、東国の反乱は鎮静《ちんせい》の兆《きざ》しを見せなかった。

こうしたなか、義重は京から関東へ下向した。このことを伝える史料には、次のように見える。

義重入道《にゅうどう》故義国、書状をもって大相国《だいしょうこく》に申して云《い》わく、義朝（頼朝）の子伊豆国を領《りょう》す、武田太郎（信義）甲斐国を領す、義重前右大将《さきのうたいしょう》宗盛に在《あ》り、彼《か》の家宗（ママ）に相乖《あいそむ》かしむる坂東《ばんどうの》国《くに》の家人を追討すべきの由仰《よしおお》せ下さる、よって下向するところなりてえり、

（『山槐記《さんかいき》』治承四年九月七日条）

この史料を見ると、義重は、平家に背いた関東の家人たちを追討せよとの宗盛の命令を受けて、下向したことがわかる。平家に背いた関東の家人たちとは、頼朝や信義の挙兵に参加した者たちを指すと考えられる。したがって、義重の下向は、頼朝や甲斐源氏の挙兵に対応したものだったとわかる。義重は、上野国に拠点を持っていたため、宗盛から関東の反乱勢力の鎮圧を命じられたのだろう。

この史料からは、義重が頼朝や信義の動向を「大相国（太政大臣）」に書状で伝えたこともわかる。治承四年時に太政大臣は不在だったため、これは太政大臣経験者を指す。当

時、「大相国」と呼ばれる資格のある者は、清盛と忠雅の二人である。この史料の記主《きしゅ》は、忠雅の弟の藤原忠親《ただちか》という人物であること、そして義重と忠雅の深い結びつきも考慮すると、「大相国」は忠雅と考えるのが妥当である。忠親は、兄忠雅から義重の書状を見せてもらい、右の情報を記したのだろう。

ところで、この史料の続きには、義重が八月二八日に書状を出したことが記されている。したがって、この日までに義重は、上野国に到着していたことになる。鎌倉時代、東海道を利用した早馬《はやうま》による京―鎌倉間の情報伝達にかかる日数は、多くの場合四～七日だったというから（新城常三『鎌倉時代の交通』）、反乱鎮圧という火急の任務を負った義重も、おそらく七日以内に上野国へ下向したと推測される。すると、頼朝挙兵の知らせは、挙兵から間もない二一日頃には京に届いていたことになり、この知らせに接した宗盛は、すぐに義重に下向を命じたと理解できる。義重の下向ルートは、おそらく前章「新田氏の成立」で述べた東海道と東山道を組み合わせたルートと考えられ、さらに京からの移動距離も異なるため、一概に比較して考えることはできないが、ひとまずこのように想定しておきたい。

義重と頼朝

義重が上野国へ着いた頃、甲斐源氏は富士北麓《ほくろく》の波志太山《はしだやま》（山梨県富士河口湖町か）で平家方の軍勢を破り、九月一〇日には南信濃の大田切郷《おおたぎりごう》（長野県駒ヶ根市）に拠る平家方の菅《すがの》冠者《かじゃ》能友《よしとも》を討った。同じく九月、義仲も北信濃の市原《いちはら》（長野県長野市）で平家方の軍勢を破り、その後、亡父義賢の遺領である上野国多胡荘に向かった。一方、頼朝はいったん敗走したものの、上総広常《かずさひろつね》や千葉常胤《ちばつねたね》などの房総半島の有力武士を味方につけたことで、再起を果たすことに成功した。頼朝は房総半島を北上し、九月下旬には、下総国《しもうさのくに》から武蔵国へ入る機会をうかがった。

このように、義重が上野国に入ってしばらくすると、関東の形勢は反平家勢力の優勢のうちに推移した。こうした情勢に影響されたのだろう、ここで義重は大きな賭《かけ》に出た。このときの義重の行動を、鎌倉幕府の歴史書である『吾妻鏡』は、次のように伝えている。

　新田大炊助源義重入道法名上西、東国未《いま》だ一揆《いっき》せざるの時に臨み、故陸奥守《むつのかみ》の嫡孫《ちゃくそん》をもって、自立の志を挿《さ》するの間、武衛御書《ぶえいごしょ》を遣《つか》わすと雖《いえど》も、返報すること能《あた》わず、上野国寺尾城《てらおじょう》に引き籠《こ》もり、軍兵を聚《あつ》む、

（『吾妻鏡』治承四年九月三〇日条）

これによると、義重は、関東が一つの勢力のもとにまとまらない情勢を見て、「故陸奥守（源義家）の嫡孫」、すなわち義家流清和源氏の嫡流を称して自立し、上野国寺尾城（寺尾城については次章参照）に籠もって軍兵を集めたというのである。義重のこの行動は、平家の麾下《きか》から脱するだけでなく、同じく義家の子孫にあたる頼朝や義仲に対抗する姿勢を鮮明にしたことを表している。書状を送ってきた頼朝（武衛）に対し、義重は返事を出

さなかったというが、こうした姿勢も頼朝への対抗心を表している。つまり義重は、ここで反平家方に立場を変え、さらに頼朝や義仲らに対抗して、関東の覇権争いに名乗り出たのである。

関東には反平家の立場を顕《あら》わにする多様な勢力が割拠《かっきょ》し、混沌《こんとん》とした情勢が長く続くことを、義重は予想したのかもしれない。しかし、そうした義重の思惑に反し、関東の形勢は頼朝を中心に動き出す。

すなわち、武蔵入国の機会をうかがっていた頼朝は、秩父一族を懐柔《かいじゅう》して傘下に収めると、一〇月上旬にこれを実現し、まもなく相模国鎌倉（神奈川県鎌倉市）に入った。この頃、京から派遣された平家の追討軍が駿河国に到着していたため、頼朝は伊豆と駿河の国境をなす黄瀬川《きせがわ》（静岡県沼津市）まで出陣した。しかし、平家軍は頼朝と戦う前に、富《ふ》士川《じがわ》（静岡県富士市）で甲斐源氏に敗れ、京へ退却した。これを見届けた頼朝は、すぐに義光流清和源氏に出自する常陸国の佐竹秀義《さたけひでよし》を討つべく出陣した。一一月五日、頼朝軍の攻撃の前に秀義の金砂城《かなさじょう》（茨城県常陸太田市）は落ち、秀義の勢力基盤だった常陸国奥七《おくしち》郡《ぐん》は頼朝軍に占領された。これにより頼朝は、東山道と東海道との東の結び目にあたる常陸国を手中に収めることに成功し、いまだ帰順しない北関東の東山道沿いに蟠踞する諸勢力に対し、南と東から圧力を加えることができるようになった。

帰順を促す頼朝の使者が義重のもとを訪れたのは、この段階でのことだった。隣国の下野国では、義重のもともとの競合相手である藤姓足利氏、そしてこれと下野国内を二分する勢力と唱《うた》われた小山氏《おやまし》が、すでに頼朝に帰順しており（のちに藤姓足利氏は離反して滅亡する）、頼朝の圧力は身近に迫りつつあった。こうした情勢を受け、義重もついに帰順の意志を固め、頼朝の召喚《しょうかん》に応じて鎌倉へ参上したのである（『吾妻鏡』治承四年一二月二二日条）。

鎌倉へ入ろうとした義重は、当初、頼朝から「鎌倉中」へ入ってはならないと通告され、鎌倉の北の出入り口にあたる山内《やまのうち》に逗留《とうりゅう》を余儀なくされた。寺尾城に籠城《ろうじょう》して、帰順を拒《こば》んできたことに対する報復措置である。やがて頼朝に呼ばれた義重は、「心中更に異《い》儀《ぎ》を存ぜずと雖《いえど》も、国土闘戦《とうせん》有るの時、輙《たやす》く城を出《い》で難《がた》きの由、家人等諫《いさ》めを加うるにより、猶予《ゆうよ》するの処《ところ》、今已《すで》に此《こ》の命に預かり、大いに恐れ畏《かしこ》む（敵対する気持ちはありませんでしたが、各地で戦闘が起きている時分に、軽々に城を出るべきではないと家人たちが諫めますので、ためらっておりましたところ、いま参上せよとの命令を受け、大変恐縮しております）」と弁明した。むろん、本心ではなく、頼朝もそれを承知していたはずだが、側近である安達盛長《あだちもりなが》の取りなしもあり、この弁明は頼朝に受け入れられた。ここに義重は、頼朝の家人（御家人）に列し、鎌倉幕府の一員に加わったのである。

里見義成と山名義範

頼朝との競合に敗れる形で鎌倉幕府に参画した義重に対し、孫の里見義成《さとみよしなり》と子の山名義範は、これと対照的な動きを見せた。

義成は、早世した義重の長子義俊《よしとし》の子で、里見氏の事実上の祖と見なされている。上野国碓氷郡《うすいぐん》里見（群馬県高崎市）を本領とし、独自の拠点を持っていた義成は、義重から自立した行動をとった様子がうかがえる。

すなわち、義成は、義重と同じく京で平家に仕えていたものの、「源家の御繁栄」を伝え聞くと、「関東に向かい武衛（頼朝）を襲《おそ》うべきの趣《おもむき》」を平家に伝えて欺《あざむ》き、頼朝のもとに馳《は》せ参じたという（『吾妻鏡』治承四年一二月二二日条）。『吾妻鏡』に見えるこの義成のエピソードは、義重の帰順に関連させて同じ日の記事としてまとめられているが、これは頼朝に対する祖父と孫との誠意の落差を誇張するための作為と考えられる。したがって、義成が義重と同時に、頼朝に従ったとは考えにくい。義成は、「幕下《ばっか》将軍家（頼朝）の寵士《ちょうし》」と称されており（『吾妻鏡』文暦元年〈一二三四〉一一月二八日条）、実際次に見るように、頼朝の寵《ちょう》臣《しん》として活躍した様子が確認できる。このことを踏まえると、右のエピソードは、義重の帰順よりも前の出来事と考えられる。義成は、義重よりも先に、自らの意志で進んで頼朝に従ったと見るべきだろう。

ここで、義成が頼朝から厚い信頼を寄せられていたことを示す事例について、『吾妻鏡』からいくつか紹介しておこう（須藤聡「鎌倉期里見一族の動向と平賀一族」）。

まず、義成は、頼朝の行列の随兵《ずいひょう》としてしばしば登場するが（『太田市史通史編　中世』五六頁）、それは、「譜代《ふだい》の勇士・弓馬《きゅうば》の達者・容儀《ようぎ》神妙」の「三徳を兼備する者」が選ばれた（建保六年〈一二一八〉一二月二六日条）。随兵に選ばれる機会が多かった義成は、頼朝から「三徳」を備えた人物と高く評価されていたことがわかる。次に、建久四年（一一九三）三月、頼朝が上野と信濃の国境に広がる三原野《みはらの》（群馬県吾妻郡）と下野国那須《なす》野《の》（栃木県那須塩原市）で巻狩《まきがり》を行った際、「弓馬に達せしめ、又御隔心《ごかくしん》無きの族《やから》」二二名のみに弓箭《きゅうせん》の携帯を許可したが、義成はその一人に選ばれている（建久四年三月二一日条）。そして、同年五月、駿河国富士野《ふじの》（静岡県富士宮市）での巻狩において曽我《そが》兄弟の敵討ちが起きた際、義成は「然《しか》るべき人々十余《じゅうよ》の輩《ともがら》」の一人として、頼朝が曽我時致《ときむね》を尋問する場に列した（同年五月二九日条）。このときの義成の座次《ざじ》は、北条時政《ときまさ》・山名義範・足利義兼・北条義時《よしとき》・毛呂《もろ》季光《すえみつ》に次ぐものだったが、注目すべきは、当時の義成は無官にもかかわらず、左衛門尉《さえもんのじょう》という官職を持つ佐原義連《さわらよしつら》より上位にいたという事実である。つまり、この座次は、官職にもとづく序列ではなく、頼朝との個人的な関係にもとづくものと見られ、頼朝との関係の深さがうかがえるのである。

一方、義重の次子とされる義範も、前章「新田氏の成立」で述べたように、上野国多胡郡山名郷を独自の拠点としており、義重から自立して行動したことがわかる。すなわち、『吾妻鏡』を見ると、義重がいまだ籠城していた治承四年一二月一二日に行われた頼朝の新造御所（大倉御所《おおくらごしょ》）への移徙《いし》（転居）に際し、義範はその行列に供奉《ぐぶ》したことが確認できるのである。したがって、義範の帰順の時期は、少なくとも一一月に遡るのは確実である。あるいは、一〇月に頼朝が鎌倉に入った直後に、帰順したとも考えられる。

早くから頼朝に従い、さらに平家の追討戦でも軍功を挙げた義範は、「平氏追討源氏受領《ずりょう》六人」の一人として伊豆国司（伊豆守《いずのかみ》）に任命され、頼朝に厚遇された（『尊卑分脈』・『吾妻鏡』文治元年〈一一八五〉八月二九日条）。そして、これを体現するように、義範は頼朝期の幕府において高い地位を得たことがわかる。

たとえば、頼朝期の幕府内公的序列を可視的に表現するといわれる将軍（頼朝）の行列隊形を見てみると、それは多くの場合、先陣随兵―将軍―御後《おんうしろ》―後陣随兵という隊形をとり、御後が公的序列の高位者で構成された。義範は、この隊形をとる行列に加わる場合、すべて御後に入っただけでなく、そのなかでも上位に位置したことが確認できる（青山幹哉「王朝官職からみる鎌倉幕府の秩序」）。さらに、先ほど見たように、頼朝が曽我時致を尋問した場に列した「然るべき人々十余の輩」のなかでの義範の座次は、北条時政に次ぐものだった。義範は、幕府の公的・私的序列のいずれにおいても最上位層に位置していたのであり、義重一族のなかでは最も頼朝に尊重された人物だったことがわかる。

義成と義範は、義重から自立して行動し、自らの意志で早くから頼朝に従い、それぞれが頼朝と主従関係を築いたのだった。鎌倉時代、里見氏と山名氏は、「里見伊賀入道《いがにゆうどう》跡《あと》」・「山名伊豆前司跡《いずぜんじあと》」として、幕府から新田本宗家（「新田入道跡」）とは異なる独自の御家人役《ごけにんやく》（御家人に課された課役）の負担単位として把握された（「六条八幡宮造営注文《ろくじようはちまんぐうぞうえいちゆうもん》」、『南北朝遺文関東編』三七七三号）。鎌倉幕府体制下における新田氏は、本宗家・里見氏・山名氏の三つの家として把握されたわけだが、こうした事態は、義重・義成・義範が個々に頼朝のもとに参陣し、御家人に列したことに由来すると理解できよう。

「源氏の遺老・武家の要須」義重

頼朝に親しく仕えた義成・義範と異なり、御家人に列した後の義重の動向はさえなかった。『吾妻鏡』は、養和二年（一一八二）四月五日、頼朝が江ノ島《えしま》（神奈川県藤沢市）に出かけた際、義重がこれに供奉したことを伝えているが、これが御家人としての義重の活動を示す唯一の事例である。頼朝に対抗して帰順が遅れた義重は、御家人に列した後も、頼朝との関係はうまくいかなかったようである。

同じ年の七月、義重に災いが降りかかる。頼朝が、かつて異母兄の義平に嫁いでいた義重の娘を見初め、彼女に手紙を送ったものの受け入れてもらえなかったため、父の義重に自分の気持ちを伝えるように命じたのである（『吾妻鏡』寿永元年〈一一八二〉七月一四日条）。これに対し義重は、「御台所《みだいどころ》（北条政子《まさこ》）の御後聞《ごこうぶん》を憚《はばか》り」、娘を「帥《そち》（あるいは師《もろ》＝毛呂カ）六郎」という人物に嫁がせてしまった。頼朝が激怒したのはいうまでもなく、義重は頼朝の勘気《かんき》を受けた。これ以降、義重の活動は途絶えることから、この事件を機に義重は引退し、新田荘へ戻ったようである。

頼朝の片思いの煽《あお》りを喰らう形で鎌倉の政界を去った義重だが、政子に配慮した結果であり、義重なりに納得しての幕引きだったのではなかろうか。ちなみに『吾妻鏡』は、義重について、「元より事において思慮を廻《めぐ》らす」人物と高く評価しており、今回の処置もそうした義重の為人《ひととなり》を表すエピソードとして、好意的に位置づけている。

義重の引退から一一年後、三原野と那須野で巻狩を行った頼朝は、その帰路、義重の「新田館《にったやかた》」を訪問した（『吾妻鏡』建久四年四月二八日条）。当時の義重の本領は、新田荘に移っていたはずであるから、この新田館は新田荘世良田郷《せらたごう》に築かれた義重の居館（次章参照）と考えられる。ここで頼朝は、義重の歓待を受けたと見られる。

頼朝は、那須野の巻狩の際、北関東の東山道沿いに本領を構えていた有力御家人の小山朝政《ともまさ》・宇都宮朝綱《うつのみやともつな》・八田知家《はったともいえ》に対し、それぞれ「千人の勢子《せこ》」を提出させた（『吾妻鏡』建久四年四月二日条）。この命令は、これら有力御家人三名が頼朝に服属していることを世

図16　伝新田義重夫妻の墓（群馬県太田市徳川町）

間に明示することを意図したものと見られるが、新田館の訪問も同様の意図にもとづいて行われたと見られる。すなわち、頼朝は新田館を訪問して義重から歓待を受けることで、義重は第一線から退いたものの、変わらず頼朝に服属していることを世間に明示しようとしたと考えられるのである。当然のことながら、義重もこの頼朝の意図を理解していたはずであり、これを受け入れて頼朝との親密ぶりを演出することで、幕府の安定に寄与したと考えられる。このように考えると、義重は、小山・宇都宮・八田氏とならぶ有力御家人であり、その服属は幕府の存立に不可欠と認識される存在だったといえよう。

義重は、頼朝より長生きし、建仁二年（一二〇二）正月一四日に亡くなった。永久二年（一二一四）の生まれとすると、享年《きょうねん》八八となり、当時としては極めて長命だったことになる。義重の訃報《ふほう》は鎌倉にも届けられたが、これを聞いた北条政子は、蹴鞠《けまり》に行こうとする子の源頼家に対し、次のように伝えたという。

故仁田（新田）入道上西は、源氏の遺老《いろう》・武家の要須《ようしゅ》なり、而《しか》るに去る十四日卒去《そっきょ》す、未だ廿（二十）日に及ばず、御興遊《ごこうゆう》定めて人の誹《そし》りを貽《のこ》すか、然《しか》るべからずと云々《うんぬん》、

（『吾妻鏡』建仁二年正月二九日条）

右に見た義重の存在感の大きさに鑑みると、義重は「源氏の遺老・武家の要須」であるという政子の発言は、たんなるリップサービスと受け取ることはできないだろう。長寿をまっとうして、頼朝に恭順《きょうじゅん》の姿勢をとり続けた義重は、この発言通り、東国の清和源氏一門の代表者であり、かつ幕府を支える人物と見なされるようになっていたのである。

新田本宗家と足利氏——足利一門への歩み①

二人の義兼

寿永元年（一一八二）に第一線を退いた義重に代わり、新田本宗家を率いることになったのが、子の義兼である。前節で見たように、義重は頼朝との関係がうまくいかなかったため、幕府内における新田本宗家の序列（家格）は、義範の山名氏よりも劣っていたのは間違いない。義兼の課題は、頼朝との関係を改善して本宗家の立場を安定させ、その序列を上昇させることだったと考えられる。そして、この課題に取り組む過程で、新田本宗家は足利氏との関係を深めていくことになる。本節では、その具体的な様相を見ていくことにしよう。

文治元年（一一八五）一〇月二四日、義朝の追善《ついぜん》のために建立した勝長寿院《しょうちょうじゅいん》の落慶供養に向かう頼朝の行列に供奉したのを皮切りに、義兼は『吾妻鏡』に姿を現す。これ以降、義兼は、『吾妻鏡』のなかに頼朝の行列の供奉人・随兵として多く現れる（『太田市史通史編　中世』五三頁）。義兼は、幕府の公式行事に積極的に参加し、頼朝に奉仕したのである。これはまさに、頼朝との関係改善のための努力と理解できよう。

さて、供奉人としての義兼は、行列の「御後」に四回加わったことが確認できる（『吾妻鏡』文治元年一〇月二四日条・文治四年三月一五日条・建久二年〈一一九一〉二月四日条・建久三年一一月二五日条）。前節で述べたように、御後は幕府内公的序列の高位者で構成されたが、義兼はこれに加わることができたのである。義兼は、従五位下の位階を持つ義重（『兵範記』仁安三年〈一一六八〉正月六日条）の子息として、これに選ばれたのだろう。したがって、義兼（本宗家）の公的序列は、決して低いわけではなかったことが知られる。

しかし、頼朝期の幕府内公的序列は、位階や官職を基準とした王朝的秩序をある程度考慮しつつも、頼朝との親疎《しんそ》によって決定された。そのため、公的序列とはいっても、それは頼朝との個人的な関係に左右される、非常に流動的な性質を持っていた。実際、義兼の場合、四回確認できる御後の序列を見てみると、①三二人中の二三位、②二二人中の一二位、③二六人中の五位、④三六人中の一六位、といった具合に、一定していなかったことが確認できる。こうした幕府内序列の実態を見ても、頼朝との関係を改善してその信頼を得ることが、幕府内での義兼（本宗家）の立場を安定させ、序列の上昇につながることが、

図17　新田氏・足利氏関係系図

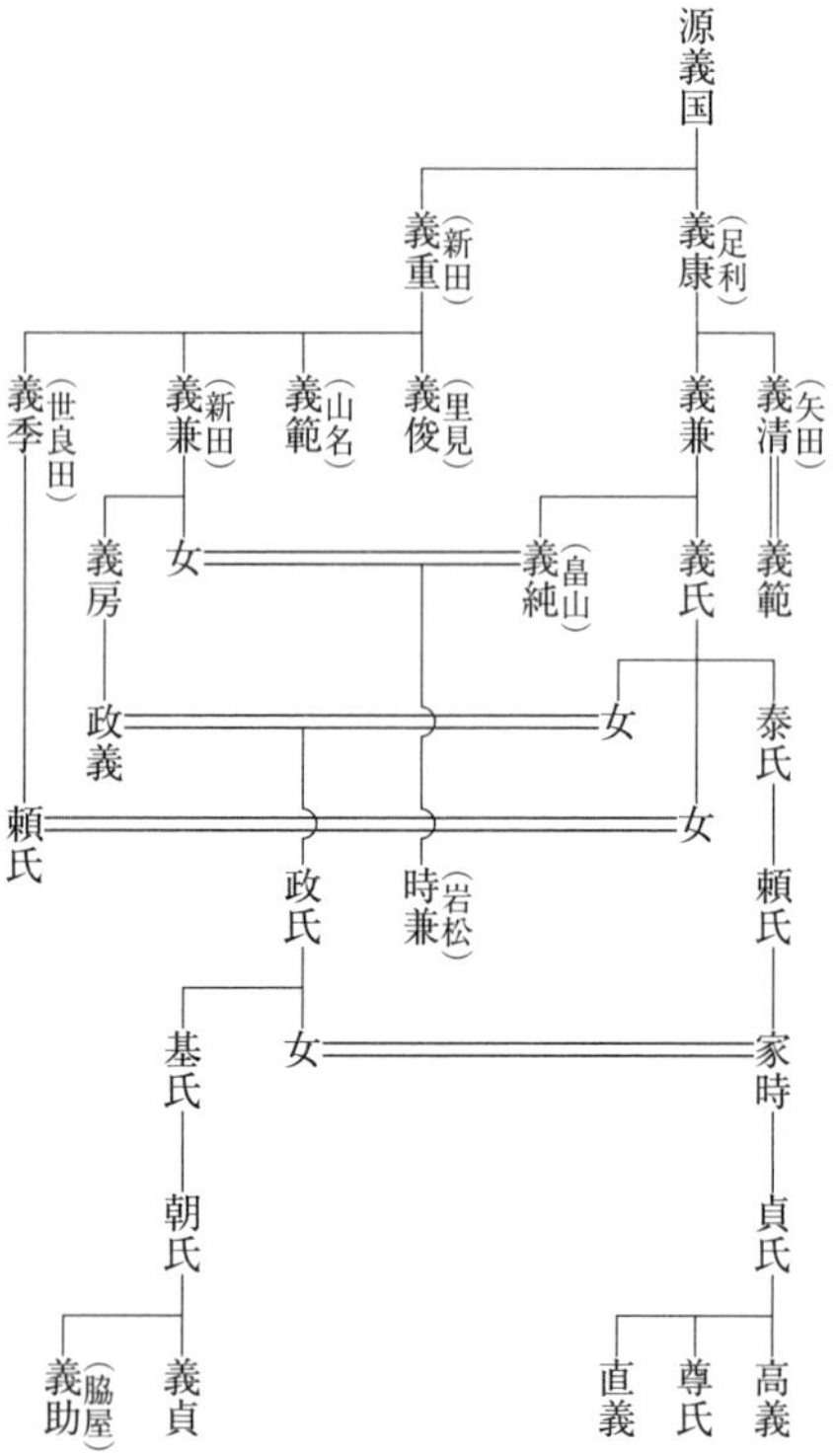

（『尊卑分脈』・「鑁阿寺新田足利両家系図」・『今川記』より作成）

よく理解できるだろう。

頼朝の信頼を得るため、義兼は熱心に奉仕した。そして義兼は、さらにもう一つの手段を講じた。それが、従兄弟でもある、足利義兼との提携である。

足利義兼は、父義康の跡を継いで、足利本宗家を継承した人物である。よく知られているように、母は熱田大宮司《あつただいぐうじ》藤原範忠《のりただ》の娘で、頼朝の従兄弟にあたる女性だった。頼朝と血縁関係が近いこともあり、足利義兼は、頼朝の挙兵後まもなくして帰順した。そのため、頼朝から厚遇され、その命令で妻北条政子の妹と結婚し（『吾妻鏡』治承五年〈一一八一〉二月一日条）、頼朝との関係をいっそう深めていた。また、平家の追討戦では、主将の一人として活躍し、その軍功によって上総国司（上総介《かずさのすけ》）に任命された（『吾妻鏡』文治元年八月二九日条）。幕府の公的・私的序列のいずれにおいても、最上位層に位置したのはいうまでもない。毎年元日、幕府では、御家人が将軍に年始の祝意を表明する元日垸飯《おうばん》という儀式が行われたが、その沙汰人《さたにん》（責任者）は、御家人の代表者と周囲から認知された者が務めた（桃崎有一郎「鎌倉幕府垸飯儀礼の変容と執権政治」）。『吾妻鏡』には、建久六年（一一九五）の元日に、足利義兼がこれを務めたことが見える。このことからも、彼が御家人集団の最上位層にいたことがわかるだろう。

頼朝から厚遇され、御家人集団の最上位層に位置づいた足利義兼に対し、新田義兼は娘をその子義純《よしずみ》に嫁がせ、婚姻関係を結んだ。新田義兼は足利義兼と提携したわけだが、これにより新田義兼は、足利義兼から支援を受けられるようになったと考えられる。すると、新田義兼の提携目的は、頼朝の信任厚い有力御家人の足利義兼から支援を受けることで、幕府内での立場を安定させ、序列上昇の足場を固めることにあったと考えられよう。ちなみに、新田義兼の娘と足利義純との間に生まれた人物が、岩松氏の祖となった時兼である。新田義兼は、同じ義国流清和源氏の足利義兼と提携し、支援を受ける立場に立った。このののち新田氏は、足利氏の庇護《ひご》を受けることになるが、その萌芽《ほうが》はこの段階で現れていたのである。

足利義氏の躍進

建保三年（一二一五）三月二二日、新田義兼の妻（新田尼）は、亡夫の譲状により、幕府から新田荘内岩松・下今井《しもいまい》・田中《たなか》三ヵ郷の地頭職《じとうしき》に任命された（「正」五号）。このことから、新田義兼は、おそらくこれより少し前に亡くなったと推測される。一方、足利義兼は、新田義兼よりも早く、建久一〇年（一一九九）三月八日に亡くなっていた（『尊卑分脈』）。

新田義兼には、義房《よしふさ》という嫡子《ちやくし》がいたが、系図以外の史料でその姿を確認できない。「長楽寺系図」と「新田岩松系図」（『群馬県史　資料編5』所収）には、「親に先んじ死去す」とあり、義兼よりも早く亡くなったようである。

系図を見ると、義房の嫡子は政義《まさよし》と確認できる。政義の史料上の初見は、『吾妻鏡』嘉禎三年（一二三七）四月一九日条であることから、義兼死去時の政義は幼少で、幕府に出仕することができなかったと考えられる。実際、承久三年（一二二一）に勃発した、朝廷と幕府の武力衝突である承久の乱では、幕府軍のなかに新田本宗家の人物を確認できない。これは、政義が幼少だったため、参陣できなかったことを示しているのかもしれない。新田本宗家は、義房の早世により義兼の努力を活かすことができず、御家人としての活動を停滞させたと見られる。

これに対し、足利義兼の嫡子義氏《よしうじ》は、御家人として大いに活躍し、足利本宗家の有力御家人としての立場をいっそう強固なものにした。ここで、義氏の政治的動向を追い、幕府内におけるその立場を具体的に確認しておこう。

元久二年（一二〇五）六月、秩父氏の家督で、幕府でも屈指の実力者として君臨していた畠山重忠が反乱を起こし、滅亡する事件が起きた。武蔵武士の統率に主導的な役割を果たしてきた重忠の滅亡により、北条時政がこれに代わることになった。しかし、北条氏による武蔵武士の支配は思うように進まなかったようであり、この事態を打開するべく、北条氏は畠山氏の再興に踏み切った（『吾妻鏡』承元四年〈一二一〇〉五月一四日条）。この再生畠山氏の継承者として白羽の矢が立ったのが、義氏の異母兄の義純だった。義純は、新田義兼の娘と離婚して重忠の後家《ごけ》と再婚し、畠山氏を継いだのである。

義純の畠山氏継承には、足利氏の家督である義氏と北条氏との合意があったと考えるのが自然だろう。武蔵武士の支配再建を目的とした畠山氏の再興を契機として、義氏は北条氏と政治的に連携するようになったと考えられる。義氏は、建保三年頃に北条泰時《やすとき》（時政の孫）の娘を妻に迎え、同五年には北条時房《ときふさ》（泰時の叔父）に代わって武蔵国司（武蔵守《むさしのかみ》）に就任した。これらの事実からも、義氏と北条氏との政治的連携が、武蔵武士の支配再建＝武蔵国の安定化を焦点に進められた様子が読み取れよう。

建保七年正月、将軍源実朝が暗殺され、同年七月、関白藤原道家《みちいえ》の子頼経《よりつね》が将軍の後嗣《こうし》として京都から鎌倉へ下向した。北条氏との政治的連携を背景に、この頃から義氏は、幕府中枢の一員に加わった様子が確認できる（『吾妻鏡』承久二年五月二〇日条）。

延応二年（一二四〇）正月、時房の死去により、幕府政所別当は筆頭（執権《しっけん》）の泰時一人となったが、翌年、義氏は安達義景《よしかげ》らとともにそこに加えられた。当時、義景は評定《ひょうじょう》衆《しゅう》（幕府の議決機関である評定の構成員）の一員だったが、妹が泰時の嫡子時氏《ときうじ》に嫁いで経時《つねとき》・時頼《ときより》を生んでおり、泰時を支える立場にいた。前述したように、義氏も泰時の娘婿であり、かつ時氏の娘を嫡子泰氏《やすうじ》の妻に迎えており、同様の立場にいた。すると、義氏の政所別当就任とは、北条氏の姻戚グループの一員として、義景とともに泰時の補佐役に抜擢《ばってき》されたことを意味すると捉えられよう。泰時が亡くなった翌年の元日垸飯では、元仁二年（一二二五）以来、時房もしくは泰時が務めてきた沙汰人を義氏が務めたが（『吾妻鏡』仁治四年〈一二四三〉正月一日条）、これは当時の義氏の立場を象徴しており、注目される。

やがて義氏は、「関東の宿老《しゆくろう》」と認識されるようになる（『吾妻鏡』建長三年〈一二五一〉一二月七日条）。当時の宿老は、執権政治を支えた有能な実務者としての性格が濃いと指摘されている（高橋慎一朗「宗尊親王期における幕府『宿老』」）。政所別当に就任して、執権泰時を補佐した実績を持つ義氏は、宿老と呼ばれるにふさわしい存在といえよう。

図18　足利氏・北条氏・安達氏関係系図

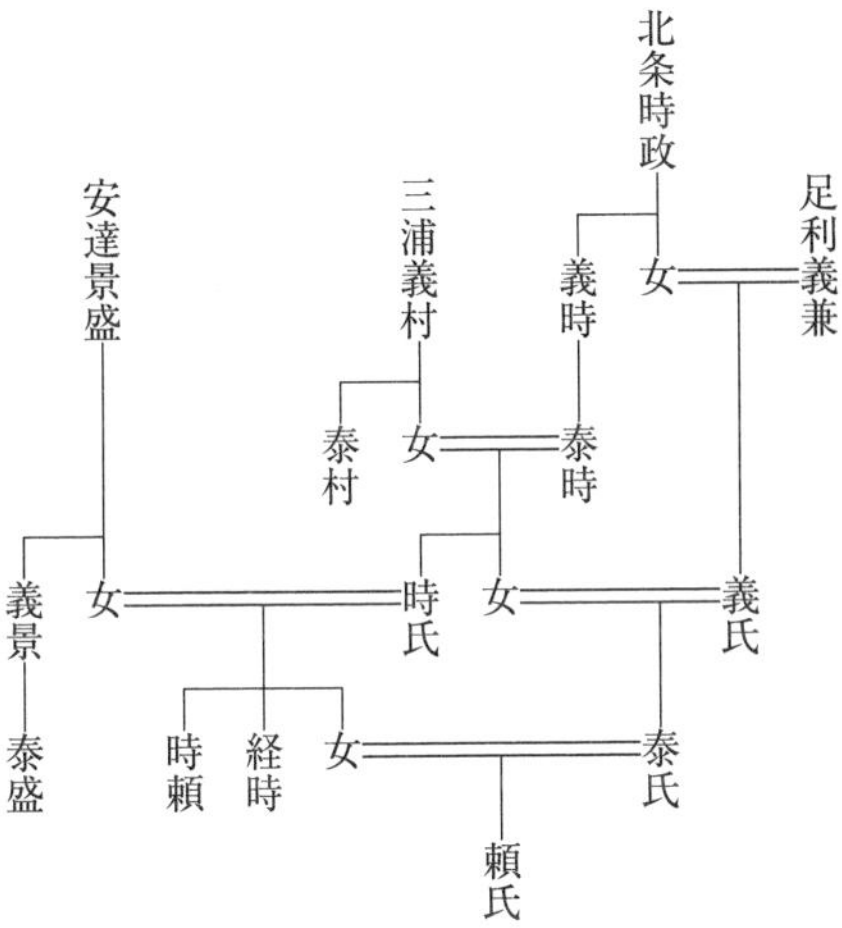

（『尊卑分脈』より作成）

　武蔵国の安定化を焦点に進められた北条氏との政治的連携を背景に、幕府中枢に迎えられた義氏は、やがて政所別当に就任して宿老として位置づき、北条氏とならび立つ政治的地位を築いた。足利本宗家の幕府内の序列も、得宗家《とくそうけ》（北条氏嫡流）に次ぎ、清和源氏の系譜を引く御家人のなかでは最上位に位置した（前田治幸「鎌倉幕府家格秩序における足利氏」）。ここに足利本宗家は、義国流清和源氏の嫡流の立場を確立したと捉えられよう。新田氏と足利氏は、「義兼」の次代で、明暗がはっきりとわかれたのである。

新田政義と足利義氏

父義房の早世を受けて、新田本宗家を祖父義兼から継承した政義は、前述したように、『吾妻鏡』嘉禎三年四月一九日条で史料上に初めて姿を現す。ここに見える政義の姿は、当時の彼の立場をよく表しているので、紹介しておきたい。

還御《かんぎょ》の次《ついで》をもって、左馬頭《さまのかみ》(足利)義氏朝臣《あそん》の家に入御《にゅうぎょ》す、御遊一《ごゆういつ》に非《あら》ず、(中略)、其《そ》の後御引出物《おんひきでもの》有り、

役人

御剣　丹後守《たんごのかみ》(足利)泰氏

(中略)

一御馬《いちのおんうま》鴾毛、鞍を置く、畠山三郎(泰国)　日記五郎

二御馬《にのおんうま》黒　新田太郎(政義)　太平太郎

この日、将軍藤原頼経は、大倉新御堂《おおくらしんみどう》の上棟式《じょうとうしき》に臨席したが、その帰途、義氏の邸宅に立ち寄った。ここで政義は、引出物として将軍に献上する馬の引馬役《ひきうまやく》として現れるのである。贈答する馬を引くという行為は、贈答者(この場合は義氏)の子弟などの一族、あるいはその麾下の者が行うことが多かった。このことから、当時の政義は、足利本宗家の

一員に準じる立場にあったことがうかがえるのである。

それでは、なぜ政義は、このような立場になったのだろうか。このことを考えるうえで注目されるのが、政義は義氏の娘と結婚し、嫡子政氏《まさうじ》をもうけた事実である（『尊卑分脈』）。

すなわち、政義は義氏の娘婿になり、新田本宗家は、義兼の娘が足利義純と離婚した後も、足利本宗家との婚姻関係を維持したことが知られる。しかし、この婚姻は、両家の対等な関係にもとづいたものと見ることはできない。というのも、前述した、新田・足利両義兼没後の両家の置かれた政治的立場の相違に鑑みると、この婚姻は、権勢を増す足利本宗家優位のもとに成立したと見られるからである。おそらく、祖父と父を亡くしたことで、しかるべき後見人を持たない孫の政義の行く末を案じた新田尼が、幕府中枢に加わる同族の義氏を後見人として頼み、この婚姻が成立したのではなかろうか。このように考えると、右の記事で政義が足利本宗家の一員に準じる立場で現れるのが、自然に理解できよう。

仁治二年（一二四二）正月二日の垸飯では、義氏が沙汰人を務めたが、ここでも政義は将軍に献上する馬の引馬役を務めた（『吾妻鏡』）。義氏を舅《しゅうと》＝後見人に持ったことで、政義は義氏が主催する儀式に参加する義務を負ったと思われるが、これを通して次第に足利本宗家に包摂《ほうせつ》され始めたと考えられる。あるいは、新田本宗家の「復活」に向けて義氏の政治力を利用するべく、むしろ政義の方が足利本宗家との一体化＝足利一門化を志向したとも考えられよう。

政義の自由出家

義氏主催の垸飯で引馬役を務めてスタートさせた仁治二年は、政義の前途に暗雲がただよい始めた年となった。この年の四月二九日、政義は幕府から預かっていた囚人《しゅうじん》に逃げられたため、八月までに過怠料《かたいりょう》（罰金）として三〇〇疋《ひき》（三〇貫文《かんもん》）を納めるように命じられた（『吾妻鏡』）。一貫文は、現代の価値に換算すると、高く見積もっておおよそ一〇万円程度といわれるので、このとき政義は三〇〇万円程の罰金を科されたことになる。決して軽い罰則ではなかったことが知られよう。なお、この過怠料は、「新大仏殿」（鎌倉高徳院《こうとくいん》の大仏殿か）の造営費として寄進されたようである。

そして、右の事件から三年後、京《きょう》都《と》大番役《だいばんやく》（内裏《だいり》と院御所《いんごしょ》を警固する御家人役）のために在京していた政義は、「所労《しょろう》」と称し、六波羅探題《ろくはらたんだい》や上野国守護《しゅご》の安達泰盛《やすもり》に理由を告げず、突然出家してしまった（『吾妻鏡』寛元《かんげん》二年〈一二四四〉六月一七日条）。幕府の規定では、老年でも病気でもない者が無許可で出家した場合（これを自由出家という）、所領を没収することになっていた（鎌倉幕府追加法《ついかほう》一六九条、『中世法制史料集第一巻』所収）。そのため政義は、この規定が適用され、所領没収の処分を受けたのである。

政義が出家した理由は、定かではない。しかし、室町期に作成されたと見られる、「新《にっ》田実城応永記《たみじょうおうえいき》」（『新田氏根本史料』所収）という史料は、「さらば一族門葉《もんよう》の例とて、廷《てい》尉《い》を望申《のぞみもう》さしめけるも許容《きょよう》なかりければ、俄《にわか》に遁世《とんせい》せられけりとかや」と、出家の理由を伝えている。これによると、政義は「廷尉」になることを望んだものの、幕府の許可を得られなかったために出家したという。

廷尉とは、衛門尉《えもんのじょう》（衛門府の第三等官）の官職を持ちながら検非違使を兼ねることをいうので、衛門尉の官職を持っていた政義は、さらに検非違使を兼任することを望んだことになる。だが、『吾妻鏡』を見ると、出家時の政義は「新田太郎」と表記されており、無官だったことがわかる。したがって、「新田実城応永記」が伝える出家理由は、そのまま鵜呑《うの》みにすることはできない。しかし、無官だったがゆえに、政義が何かしらの官職に任官することを望んでいた可能性は、充分に想定できる。「新田実城応永記」の記載を活かすならば、政義は衛門尉任官を望んでいたとも考えられよう。当時の幕府は、成功の対象外の官職任官への将軍の推挙は全面的に禁止していたが（鎌倉幕府追加法九六条）、衛門尉は成功の対象とされた官職だった。このことに鑑みても、無官だった政義は成功による衛門尉任官を望み、将軍の推挙を申請していた可能性は高いように思われる。

右の推測が妥当だとすると、政義は衛門尉任官の推挙を幕府から拒否されたことに絶望したことになるが、これは具体的にどのような事態を想定できるだろうか。このことを考えるうえで想起されるのが、義氏の存在である。すなわち、前述したように、政義は幕府中枢に加わる義氏を舅＝後見人としていた。そのため政義は、衛門尉任官の推挙申請に義氏の後援を期待できたはずだが、それを得られなかったことに政義は絶望したのではなかろうか。義氏の「裏切り」に、新田本宗家の前途を悲観した政義は、衝動的に出家に走ったと考えられるのである。

後世の史料をもとに、推測に推測を重ねた。結局のところ、政義の出家の真相は不明といわざるをえないが、所領没収の処分を受けた事実は重かった。というのも、史料上、新田本宗家の活動は、一〇年後の建長六年（一二五四）に「新田太郎（政氏カ）」が鶴岡八幡宮放生会《ほうじょうえ》への供奉を辞退するまで、いっさい確認できなくなるからである（『吾妻鏡』建長六年七月二〇日条）。政義の自由出家により、新田本宗家はおよそ一〇年間失脚の憂き目に遭い、「復活」が遠退《とおの》いたのである。

政義出家後の新田本宗家

系図を見ると、政義以降、新田本宗家は政氏―基氏《もとうじ》―朝氏《ともうじ》―義貞と継承されたことが確認できる。注目すべきは、政氏から朝氏の三代が、足利本宗家の通字《つうじ》である「氏」を名乗っていることである。この特徴は、新田本宗家の家督だけでなく、政氏の代以降、本宗家から分出した人びとにも広くあてはまることが確認できる。

政義が足利本宗家の一員に準じる立場にあったことを踏まえると、その子政氏以降、新田本宗家の人びとが「氏」を名乗るということは、足利本宗家の家督から偏諱《へんき》を受けたこと（名前の一字をもらうこと）を表していると見て、間違いないだろう。偏諱を受けるということは、烏帽子親子関係＝擬制的親子関係を結ぶことを意味する。つまり、政氏以降、新田本宗家の人びとは、足利本宗家の庇護を受けるようになったのである。

足利本宗家からの偏諱が、政氏の代から始まるという事実に鑑みると、その契機は、政義の自由出家にあったと考えられる。すなわち、政義の自由出家により、御家人として失脚した新田本宗家は、足利本宗家から庇護を受けることで、御家人としての存続を図ったと考えられるのである。ここに新田本宗家は、足利本宗家に従属する形で、足利一門に包摂されるに至ったと理解できよう。すると、「鑁阿寺新田足利両家系図」は、政氏の娘が足利家時（尊氏の祖父）に嫁いだことを伝えているが、これが事実であれば、この婚姻は新田本宗家が足利本宗家に娘を差し出す「臣従婚」だったと理解できる。

ところで、義貞は「氏」を名乗っていないが、その「義」の字は、足利貞氏《さだうじ》（尊氏の父）の最初の嫡子だった高義《たかよし》からの偏諱と考えられる。この想定が妥当だとすると、新田本宗家は、討幕の挙兵段階まで足利本宗家の庇護下にあったことになる。この点に関して、南北朝期の公家が、義貞について、「東《あづま》にも上野国に源義貞と云者《いうもの》あり、高氏《たかうじ》が一族也《なり》」（『神皇正統記《じんのうしょうとうき》』「後醍醐《ごだいご》」）、「尊氏の末の一族新田小四郎義貞といふ物」（『増鏡《ますかがみ》』第一七「月草の花」）と紹介している事実が注目される。すなわち、これらは、当時の新田本宗家と足利本宗家との関係を的確に踏まえた表現と理解でき、両家の関係は、当時の公家社会にも正確に認識されていたことが知られるのである。

新田氏の足利一門化を考える視点

右に見てきたように、本書では、政義と義氏の娘との婚姻を、新田本宗家が足利一門に包摂されるはじまりと捉えた。その前提には、義房の早世に伴う新田本宗家の御家人としての立場の不安定化と、足利本宗家の幕府内部における政治的地位の上昇がある。そして、政義の自由出家による失脚を契機に、新田本宗家は、足利本宗家から庇護を受けることで御家人としての存続を図ったため、足利本宗家に従属する形で足利一門に包摂されるに至ったと理解した。

新田本宗家の足利一門化は、幕府政治を舞台とした、新田本宗家と足利本宗家との政治的応答関係の所産（帰結）と捉え、動態的に把握することが肝要と考える。これは、次節で見るように、本宗家以外の新田一族と足利氏との関係について考える際も同様である。したがって、新田本宗家と足利本宗家が義国流清和源氏の同族であることを理由に、新田本宗家を初発的に足利一門と捉え、足利氏の庶流と見なす見解（谷口雄太「足利一門再考」）には首肯できない。

そもそも、足利本宗家が初発的に義国流清和源氏の嫡流だった＝新田本宗家が初発的に足利一門だったことを示す徴証は、存在しない。むしろ、義康の早世により一時的ではあるが、義重が嫡流に躍り出たと見られることについては、前節で述べた通りである。一門化という現象や嫡流という立場は、政治的意図を伴いながらその都度創り出されていく（主張されていく）ものと見るべきだろう。したがって、新田本宗家の足利一門化という問題は、後世に創られた秩序から遡及《そきゅう》させて固定的に考えるのでなく、同時代の政治史に即して動態的に分析することが肝要と考えるのである。そして、こうした視点を持つことこそが、足利氏を本源的に源氏嫡流に位置づける『太平記』の歴史観を相対化することにつながると思われるのである。

「将軍近臣筆頭」足利氏

政義の失脚を契機に、新田本宗家を従属させた足利本宗家は、幕府内での存在感をますます高めていった。本節の最後に、鎌倉後期の幕府における足利本宗家の政治的地位を確認し、新田本宗家との立場の相違を明確にしておきたい。

「関東の宿老」として、幕府中枢に重きを成した義氏は、建長六年一一月二一日に亡くなった（『吾妻鏡』）。その三年前、嫡子の泰氏が自由出家し、失脚する事件が起きていたが（『吾妻鏡』建長三年〈一二五一〉一二月七日条）、義氏は縁座《えんざ》をまぬがれ、その政治的地位と足利本宗家の序列には何ら変更が加えられなかった。

泰氏の失脚により、その子頼氏《よりうじ》が義氏の跡を継いだ。頼氏は、母が得宗家出身だったこともあり、北条氏と良好な関係を維持した。しかし、頼氏の子家時は、母が家人の上杉氏出身であり、北条氏と血縁関係を持たなかった。ところが、家時も北条氏と良好な関係を保ち、幕府内の序列において上位を維持したのである。これは、以下に述べるように、家時が幕府＝北条氏に積極的に協力したためと考えられる。

文永七年（一二七〇）、幕府は朝廷に対して、七代将軍惟康王《これやすおう》（六代将軍宗尊《むねたか》親王の子）の源氏賜姓《しせい》を申請し、これを実現させた。ここに、承久元年（一二一九）の実朝横死《おうし》以来、およそ半世紀ぶりに「源氏将軍」が復活した。

この事態は、文永五年（一二六八）のモンゴルからの国書到来を契機に、蒙古《もうこ》襲来《しゅうらい》という未曽有《みぞう》の危機が現実味を帯びていくなか、執権北条時宗《ときむね》が御家人の力を結集してこれに対処するべく、惟康王を源惟康として頼朝になぞらえ、惟康を頼朝の後継者たる正統な鎌倉将軍に位置づけたことにより現れたと指摘されている（細川重男「右近衛大将源惟康」）。その後、惟康は、弘安二年（一二七九）に正二位《しょうにい》に叙され、さらに弘安一〇年には右近《うこの》衛大将《えのたいしょう》に任官して頼朝と同じ官位に就くといった具合に、幕府（時宗政権）により「惟康の頼朝化」政策が推し進められた。

家時の活動時期は、文永三年から弘安七年六月までなので（「瀧山寺縁起《たきさんじえんぎ》」、『新編岡崎市史史料　古代・中世』所収）、この頼朝再生時期と重なることがわかる。この事実と、五代将軍藤原頼嗣《よりつぐ》（頼経の子）期以降、足利本宗家は将軍近臣の役割を担うようになったとの指摘（前田治幸「鎌倉幕府家格秩序における足利氏」）とを勘案すると、次のようなことが考えられる。

すなわち、幕府内の序列において、清和源氏の系譜を引く御家人のなかで最上位＝源氏一門の筆頭に位置する足利本宗家を継承した家時は、蒙古襲来の危機に直面するなか、「源氏将軍惟康を支える近臣筆頭」という役割を担うようになった。家時は、将軍源惟康の近臣筆頭となってこれを支えることで、源氏将軍を推戴《すいたい》する時宗政権に協力する姿勢を示したのであり、これにより幕府内の序列において上位を維持できたと考えられるのである。

「源氏嫡流」足利氏

こののち、惟康は右近衛大将を辞任し、さらに親王宣下《せんげ》を受け、鎌倉将軍は再び親王となった。これにより、いったんは源氏将軍の近臣筆頭として位置づいた足利氏も、新たな展開を迎えることになったと考えられる。そこで注目されるのが、源氏将軍観の高揚という事態が招いた幕府の「危機」である（川合康

「武家の天皇観」)。

復活を遂げた源氏将軍(源惟康)は、一六年九ヵ月余という長期にわたって君臨したため、本来は清和源氏の嫡流こそが将軍の資格を持つという源氏将軍観が、当該期の武士社会に広く波及し、新たな火種が生じた。たとえば、安達泰盛の子宗景《むねかげ》が、曽祖父景盛《かげもり》は頼朝の子だったと称して源姓に改姓したところ、平頼綱《よりつな》によって安達氏が謀叛を企て将軍になろうとしていると、執権北条貞時《さだとき》(時宗の子)に讒言《ざんげん》されたことが、霜月騒動《しもつきそうどう》の発端になったことを想起したい。このように源氏将軍観の高揚は、新たに源氏将軍を擁立しようとする動き(反乱)を惹起《じゃっき》したのである。したがって、北条氏はこの対策に乗り出したはずであり、それが足利本宗家を「源氏嫡流」として認知することだったと考えられる。

すなわち、北条氏は、源氏将軍観の高揚のなかで、頼朝と同じ清和源氏の系譜に連なり、その一門筆頭に位置づく足利本宗家を、積極的に将軍の資格を持つ源氏嫡流と認知することで、足利本宗家以外を源氏将軍に擁立しようとする動きを封じ込めようとしたと考えられるのである。これは、幕府が足利本宗家を源氏嫡流と「公認」することを意味し、ほかの源氏一門との格差がより明示されることになるため、足利本宗家の側にとっても、歓迎すべきことだったと考えられる。ここに、北条氏と足利本宗家双方の政治的思惑が一致し、合意が形成されたのではなかろうか。このことを象徴的に示すものとして注目されるのが、家時の子貞氏の最初の嫡子である「高義《たかよし》」の名乗りである。

これまで足利本宗家の家督の名は、得宗（北条氏嫡流の家督）の名の一字と足利本宗家の通字の「氏」とを組み合わせて構成されたが、高義という名は、得宗高時《たかとき》（貞時の子）の「高」と「義」によって構成された。「義」は、むろん清和源氏の通字であり、わざわざこれを復活させたことには、何らかの政治的判断が介在したと見るべきだろう。したがって、貞氏の嫡子に「高氏」ではなく「高義」という名が付けられた（選択された）背景には、足利本宗家を源氏嫡流に位置づけることで互いの政治的思惑を一致させた、北条氏と足利本宗家との合意形成があったと考えられるのである。

当然のことながら、このことは足利本宗家が将軍になりうる可能性を認めることになるため、北条氏にとって諸刃《もろは》の剣《つるぎ》となった。したがって、北条氏が足利本宗家に源氏嫡流の公認を与えるに際して重視した条件は、足利本宗家が引き続き北条氏の擁立《ようりつ》する将軍に伺候《しこう》する立場を遵守《じゅんしゅ》することと、北条氏に対し服従する姿勢を見せることだったと考えられる。足利本宗家の側も、このことをよく認識していたようであり、惟康親王期以降も将軍近臣の立場に変わりはなく、また北条氏に服従する姿勢も見せている（「北条貞時十《じゅう》三年忌供養記《さんねんききくようき》」、『神奈川県史　資料編2』所収）。

このように鎌倉末期の足利本宗家は、北条氏（得宗）から源氏嫡流の公認を獲得し、武

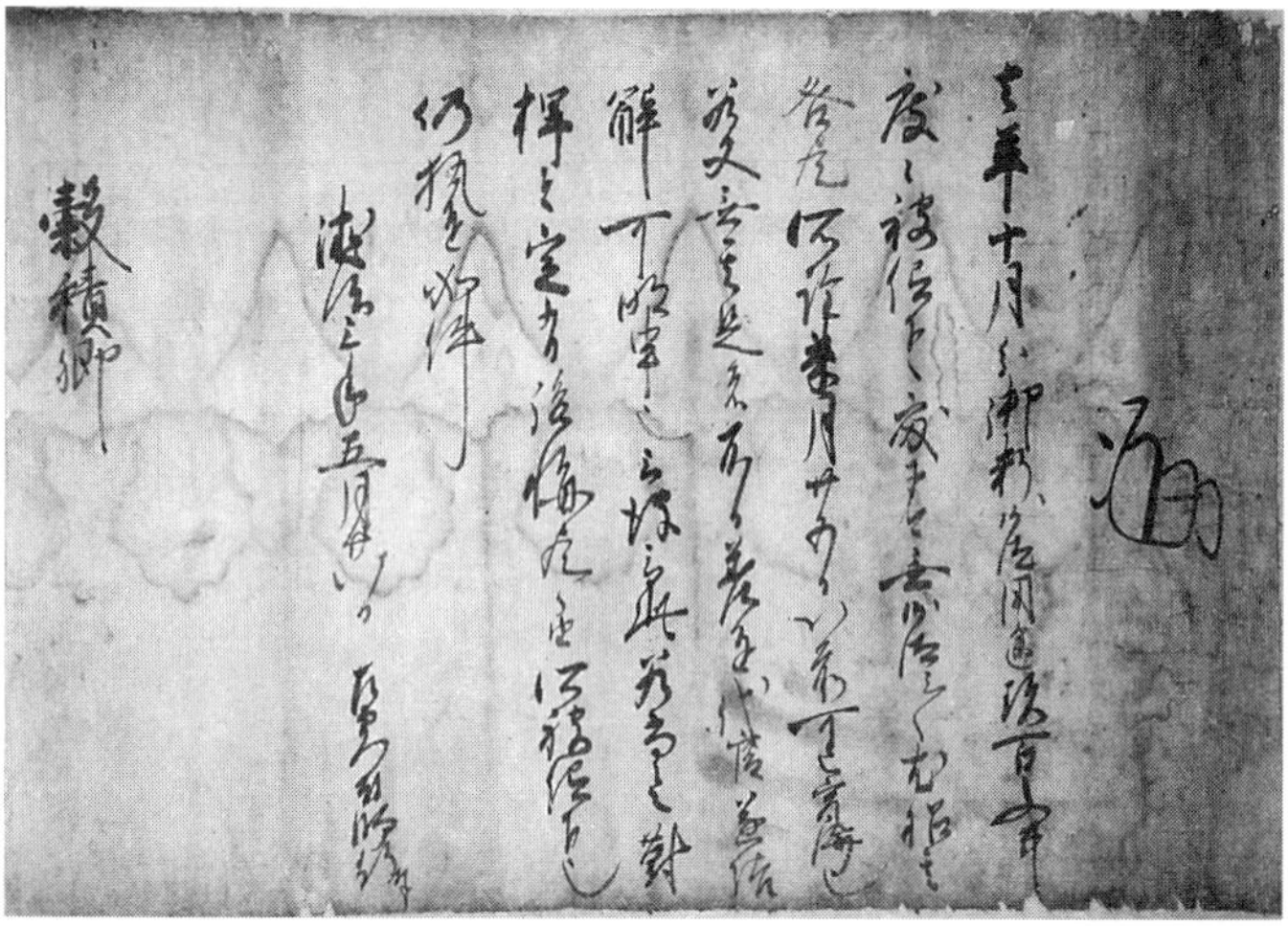

図19　足利貞氏袖判奉書（「倉持文書」東北大学附属図書館所蔵）

士社会における権威上昇を果たす（足利本宗家は、北条氏とともに尊大な形式をもつ袖《そで》判《はん》を据えた文書を発給できたが、その大多数が貞氏のものという事実は、このことを示す）一方で、幕府においては北条氏の擁立する親王将軍に仕える立場を遵守し、北条氏が志向する幕府体制を支える役割を果たしたのである。こうして足利本宗家は、その政治的地位をいっそう安定させることに成功し、幕府内において得宗家に次ぐ序列を維持できたのである。

里見氏・山名氏・世良田氏と足利氏——足利一門への歩み②

前節では、新田本宗家と足利氏との関係を見てきたが、本宗家以外の新田一族も足利氏との関係を深め、足利氏に従属する形でその一門に包摂される傾向にあったことが確認できる。本節では、その様相を見ていきたいが、まずは里見氏から見ていくことにしよう（須藤聡「鎌倉期里見一族の動向と平賀一族」）。

里見氏と平賀氏

里見氏の場合、実は当初、足利氏ではなく、平賀氏との関係が深かった。たとえば、里見氏の事実上の祖となった義成は、文治四年（一一八八）七月一〇日の源頼家の着甲《ちゃくこう》の儀において、平賀義信《よしのぶ》が頼家の父頼朝に馬を献じた際、その引馬役を務めている（『吾妻鏡』）。前節で述べたように、贈答する馬を引くという行為は、贈答者（この場合は義信）の一族あるいはその麾下の者が行うことが多かったことから、義成は平賀氏の一員に準じる存在だったことが知られる。また、元久元年（一二〇四）四月一三日、義成は伊賀《いが》国司（伊賀守《いがのかみ》）に任官したが、これは「朝雅給《ともまさのきゅう》」によるものだった（『明月記《めいげつき》』）。朝雅とは、義信の子の平賀朝雅のことで、当時、伊賀国の知行国主だった。知行国主は国守《こくしゅ》を推薦《すいせん》することができたので、朝雅は義成を推薦したわけである。一般的に、知行国主が国守を推薦する場合、その子弟などの近親者を推薦することが多かった。したがって、この人事からも、義成が平賀氏の一員に準じていたことが知られよう。

義信は、かつて源義朝に従い、平治の乱の敗北に際しては、義朝の逃避行《とうひこう》に最後まで付き従った人物だった。義信のこの功績が認められ、鎌倉幕府成立当初、平賀氏は御家人の首座《しゅざ》に列した。「鎌倉幕府の成立と新田氏」の節で述べたように、義成は頼朝の寵臣として活躍したが、さらに御家人首座の平賀氏と同族関係を築くことで、里見氏の御家人としての基盤をいっそう強固なものにしようとしたと考えられよう。

それでは、新田一族の義成は、なぜ平賀氏に接近することができたのだろうか。本書を冒頭から読み進めている読者のなかには、すでにお気づきの方もいるだろう。すなわち、前章「新田氏の成立」で述べたように、義成の祖父義重は、平賀氏の一族を次々と猶子に迎え、一二世紀後半以来、平賀氏との関係を深めていた。こうした関係を背景に、義成は平賀氏に接近し、一族に準じた待遇を受けることができたと考えられるのである。

ちなみに、新田氏と平賀氏との結びつきは、新田荘内の所領からも確認できる。すなわち、新田荘内の米沢村《よねざわむら》には金津資成《かなづすけなり》の所領が（『吾妻鏡』寛元三年〈一二四五〉五月九日条）、（上《かみ》）今井郷《いまいごう》には源資（輔）村《みなもとのすけむら》の所領があった（「長」四九・五〇号）ことが確認できるが、彼らは平賀氏の一族と目されている。つまり、新田氏の本領である新田荘のなかには、平賀氏の所領が存在していたのである。そして、注目すべきは、資村が持っていた「今井《いまい》堀《ほりの》内《うち》御堂地《みどうち》」・「上今井内道忍跡屋敷堀内《かみいまいないどうにんあとやしきほりのうち》」という所領である。「堀内」とは、領主の開発地を表し、その内部には居館や寺院が存在した（蔭山兼治「『堀内』の再検討」）。したがって、平賀氏は新田荘内に開発拠点を持っていたことが知られ、それは一二世紀後半の新田荘開発時に設定された可能性が高い。おそらく平賀氏は、新田氏や藤姓足利氏とともに新田荘の開発に携わったと見られ、新田荘内に得た所領は、そのときに獲得した権益と考えられるのである。

義成失脚後の里見氏

義成を伊賀守に推薦した朝雅は、北条時政の後妻である牧《まき》の方《かた》の娘婿となり、京都守護《きょうとしゅご》として権力を振るった。しかし、元久二年（一二〇五）閏七月、将軍職を狙った陰謀が露見《ろけん》し、討たれてしまった。これ以降、義成の活動も史料上から姿を消すことから、この事件に連座して失脚したと見られる。

さて、義成失脚後の里見氏の動向で注目すべきは、平賀氏に代わって足利氏の庇護を受けるようになった事実である。すなわち、仁治二年（一二四一）正月二日、足利義氏が沙汰人を務めた垸飯において、里見一族の大井田《おおいだ》十郎《じゅうろう》が、将軍に献じる馬の引馬役を務めたことが確認できる（『吾妻鏡』）。また、宝治二年（一二四八）閏一二月一一日、将軍が方《かた》違《たが》え（外出などの際、その方角の吉凶を占い、その方角が悪いといったん別の方向に出かけ、目的地の方角が悪い方角にならないようにする風習）のために滞在していた義氏邸から還御《かんぎょ》する際、将軍に引出物として献じる馬の引馬役を務めたのが、里見弥太郎《やたろう》と同蔵人三郎だった（『吾妻鏡』）。前者は義成の子の大島義継《おおしまよしつぐ》に、後者は義継の子の大井田氏継《うじつぐ》ないしは義成の甥の義貞（義直《よしなお》の子）に比定されている。

このように、義成失脚後の里見氏のなかからは、足利本宗家の一族あるいは家人に準じる存在となり、その庇護下で活動する人物が現れたことが知られるのである。こうした事態は、朝雅事件により、平賀氏とともに里見氏も打撃を受けたため、幕府内において平賀氏に次ぐ序列（家格）を有した足利本宗家に接近して庇護を受けることで、御家人としての存続を図ろうとした者たちの行動だったと理解できる。こうして里見氏も、足利本宗家に従属する形で、足利一門に包摂されるようになったと考えられよう。

鎌倉期の山名氏

次に、山名氏と足利本宗家との関係を見ていくが、その前に鎌倉期の山名氏の様相を概観《がいかん》しておきたい（久保田順一『中世前期上野の地域社会』)。

義範以降、山名氏は、三系統にわかれたと把握されている。すなわち、①重村《しげむら》(義範の子ないしは孫・重国《しげくに》の子)を祖とする、上野国多胡郡山名郷を本拠とした系統、②朝家《ともいえ》(重村の兄弟)を祖とする、幕府法曹《ほうそう》官僚となった系統、③重家《しげいえ》(重国の弟)を祖とする、在京御家人となった系統、の三つである。

しかし、これらのうち②の系統は、果たして義範の子孫と見てよいか、疑問が残る。というのも、この系統は、朝家—義行《よしゆき》—行氏《ゆきうじ》—俊行《としゆき》と続くことが確認できるが、義行以降、

図20　源姓山名氏・足利氏関係系図

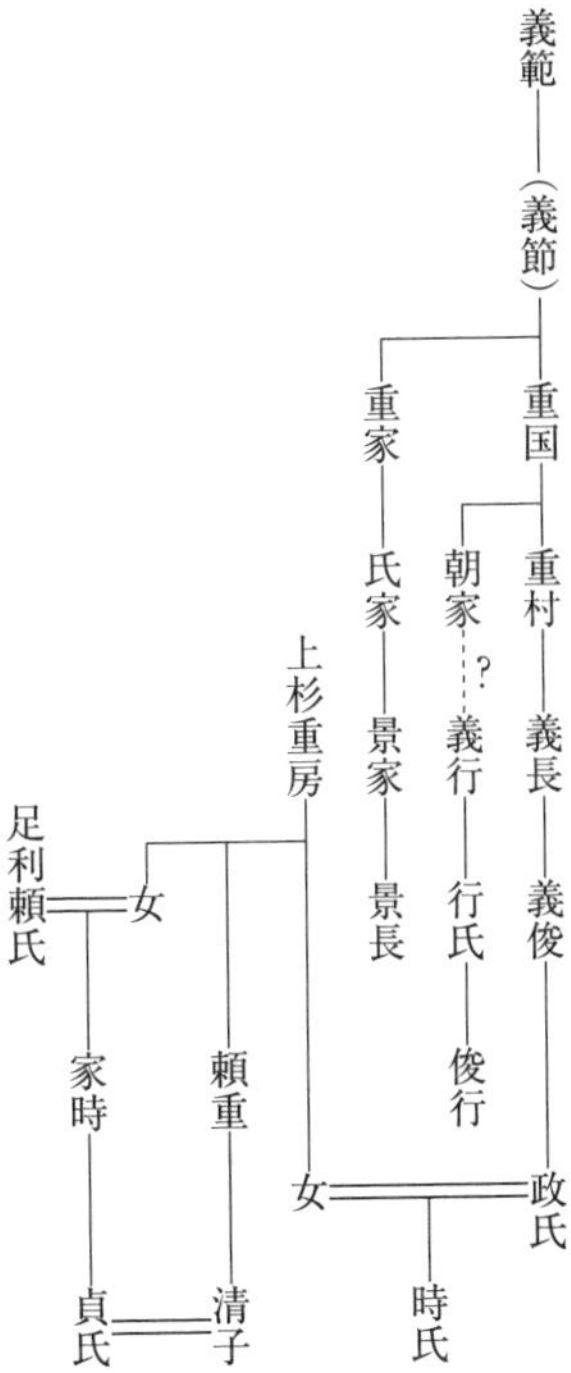

(『尊卑分脈』・『山名家譜』・佐々木紀一「新田義重一族伝雑々」より作成)

義範の子孫のなかでは見慣れない「行」の字を通字として用いているからである。義行以降の系統は、後世竄入《ざんにゅう》された可能性を想起させるわけだが、ここで注目されるのが、「行」を通字とする山名氏がいた事実である。それは、義範に先行して、もともと山名郷を拠点としていた児玉党の山名氏である。義行以降の人びとは、児玉党山名氏の可能性が高いように思われる（佐々木紀一「新田義重一族伝雑々」）。

前章「新田氏の成立」で述べたように、義範の山名郷進出は、この児玉党山名氏との婚姻（婿入り）を契機としたと考えられる。この想定が妥当だとすると、児玉党山名氏と目される義行以降の系統が、源姓山名氏のなかに竄入されたことは、義範の婿入りを機に、児玉党山名氏が源姓山名氏に包摂された史実を反映していると考えられる。幕府法曹官僚として活躍した山名氏とは、実は源姓山名氏の麾下となった児玉党山名氏の人びとだったと見られるのである。

③の系統は、備前国《びぜんのくに》裳懸荘《もかけのしょう》（岡山県瀬戸内市）に所領を持ち、六波羅探題の指揮下で活動した足跡が認められる。西国を拠点に活動したことから、この系統が、室町期に山陰地方の守護として勢力を振るった山名氏につながるように見えるが、残念ながらそうではない。室町期に活躍する山名氏につながるのは、①の系統である。

①の系統は、鎌倉期の確実な史料にはまったく登場しない、謎の系統である。鎌倉期に

おける彼らの様相を知るうえで、ほとんど唯一の同時代史料とされるのが、『難太平記』に見える次の山名時氏《ときうじ》の台詞である。

我建武《けんむ》以来は当御代《とうみだい》の御かげにて人となりぬれば、元弘以往《げんこういおう》はたゞ民百性（姓）のごとくにて上野の山名という所より出侍《いではべり》しかば、渡世のかなしさも身の程も知《しり》にき、

時氏は、建武年間（一三三四～三八）以降、足利氏（当御代）のおかげでひとかどの地位を得ることができたが、元弘年間（一三三一～三三）以前は百姓同然に過ごし、山名郷から世に出たのだ、と述懐《じゅっかい》している。しかし、児玉党山名氏を従えていたと見られること、また重村—義長《よしなが》—義俊《よしとし》はいずれも鎌倉で将軍に奉仕したと伝わっていること（『山名家譜《やまなかふ》』、『新編高崎市史　資料編4』所収）を踏まえると、本当に「元弘以往はたゞ民百性（姓）のごとく」だったのか、にわかには信じがたい。だが、①の系統は、時氏の時代までには上野国の国御家人になっており（「六条八幡宮造営注文」）、義範の時代と比べると幕府内の序列を相当落としていたのは確実である。こうした実態が、「民百性（姓）のごとく」という自嘲《じちょう》的な言葉として語られたのだろう。

重村流山名氏と足利氏

右の時氏の台詞は、①の系統が、足利氏の支援を受けて台頭したことを伝えている点でも注目される。それでは、①の系統と足利氏との接点は、どこにあったのだろうか。

『山名家譜』には、義俊の子政氏は、足利本宗家の家人の上杉重房《しげふさ》の娘と結婚し、時氏をもうけたことが記されている。政氏の妻（時氏の母）となったこの女性は、足利貞氏の妻（尊氏・直義兄弟の母）の叔母にあたることから、時氏は足利本宗家と血縁関係を持っていたことになる。つまり、①の系統は、政氏の代に上杉氏を介して足利本宗家と血縁関係を結んだのであり、これが足利氏との接点となり、支援を受けられた背景と考えられる。

足利本宗家と接点を持ったのが、③の系統ではなく、①の系統だったという事実は興味深い。なぜならば、①の系統は、国御家人となって御家人としての序列を低下させていたからこそ、足利本宗家との関係＝庇護を必要としたと考えられるからである。また、政氏の婚姻相手が、足利本宗家の女性ではなく、家人上杉氏の女性だったことも興味深い。これは、政氏が足利本宗家から上杉氏と同じレベルで、すなわち「同族待遇の家人」として処遇されたことを表しているからである。すると、①の系統の山名氏も、鎌倉後期には足利本宗家に従属する形で、足利一門に包摂されたと捉えられよう。

こののち、新田氏と足利氏の抗争が始まると、政氏・時氏父子は一貫して尊氏に従い、義貞と戦った（『山名家譜』）。この事実は、彼らの置かれた立場をよく物語っていよう。

「惣領」世良田頼氏

最後に、世良田氏と足利本宗家との関係を見ていくことにするが、ここでもまずは、世良田氏について概観しておきたい。

世良田氏は、義兼の同母弟の義季を祖とする一族である。世良田氏は、義季の子頼氏のときに台頭し、本宗家・里見氏・山名氏を凌《しの》ぐ勢いを持ったことが注目される。

頼氏は、新田政義が自由出家によって失脚した直後から、史料上に姿を現す（『吾妻鏡』寛元二年〈一二四四〉八月一五日条）。『吾妻鏡』での登場回数は、実に五四回を数え、新田一族のなかでは群を抜いている（『太田市史通史編　中世』七一頁）。その多くは、将軍の供奉人としての記事だが、そのほかに将軍の学問《がくもん》指南役《しなんやく》や、格子番《こうしばん》・廂番《ひさしばん》・昼番《ひるばん》に加わって将軍の護衛も務めていたことが知られ、将軍（藤原頼嗣・宗尊親王）の近臣として活躍した様子が確認できる。

将軍の近臣となり、新田一族を代表する活躍を見せた頼氏の姿を見ると、政義失脚後の頼氏は、幕府から「新田入道跡」として把握された新田氏の御家人役負担単位の惣領《そうりょう》（取りまとめ役）になったと考えられる。この点に関して「新田岩松系図」は、世良田氏・岩松氏の祖である義季と時兼に「半分ノ惣領」と注記しており、その証左として注目される。

しかしながら、「半分ノ惣領」とは、見慣れないフレーズである。文字通りに解釈すると、世良田氏と岩松氏が二人で惣領を務めたことになるが、これはどういう事態を表しているのだろうか。

そこで注目されるのが、子の岩松政経《まさつね》へ宛てた経兼《つねかね》（時兼の子）の譲状（「正」一六号）である。ここで経兼は、政経に対し「惣領主《そうりようしゅ》として公事等をはいふん（配分）すへきなり」と命じており、政経が岩松氏の惣領になったことがわかる。岩松氏は、時兼が新田義兼の娘を母に持った関係から、本宗家からの所領譲渡によって分立した一族だったため、独立した御家人になったものの、御家人役負担単位としては独立して把握されず、新田入道跡として一括された。しかし、岩松氏は独自に惣領を立てていることから、新田入道跡の内部では、別個の負担単位として扱われたことがわかる。つまり、新田氏（本宗家・世良田氏・岩松氏）の実際の御家人役負担単位は、「新田入道跡—岩松時兼跡」という重層的な体系として設定されたと考えられるのである。

このように考えると、世良田氏と岩松氏がそれぞれ「半分ノ惣領」になったということは、世良田氏が新田入道跡の惣領を、岩松氏が岩松時兼跡の惣領を務めた事態を表していると理解できよう。将軍の近臣として鎌倉の政界で活躍した頼氏は、その実力を背景に、本宗家・世良田氏・岩松氏から構成される新田入道跡の代表者＝惣領になったのである。

世良田氏と足利氏

さて、頼氏が将軍の近臣だったことに改めて注目すると、足利本宗家との接点が見えてくると思われる。すなわち、前節で述べたように、将軍藤原頼嗣期以降、足利本宗家は将軍近臣の役割を担うようになったと指摘されている。つまり、頼氏と足利本宗家の家督は、ともに将軍近臣を務める同僚という間柄だったのである。すると、頼氏も政義と同様に、義氏の娘を妻に迎えたと伝わっているが（『今川記《いまがわき》』、『続群書類従　第二一輯上』所収）、これは将軍の近臣家同士の提携と理解できよう。

　頼氏は、おそらくこの婚姻を機に、足利本宗家との関係を深めていった様子が確認できる。たとえば、建長三年（一二五一）正月三日、義氏が沙汰人を務めた垸飯において、頼氏は引出物の行縢《むかばき》（外出の際に両足の覆《おお》いとした布や毛皮）を将軍に献上する役目を務めたことが確認できる（『吾妻鏡』）。また、頼氏は、義氏以降、足利本宗家が守護職《しゅごしき》を世襲した三河国《みかわのくに》の国司（三河守《みかわのかみ》）に任官している。『今川記』は、頼氏の三河守任官の事情について、「義氏、武蔵守に任じ、其後《そのご》陸奥守《むつのかみ》をも三年計《ばかり》かけられ、後には三河国を給《たま》わり、子孫永代相伝有りしか、聟《むこ》の頼氏へ少しの間譲《ゆずり》、頼氏三河守に任られ（せ脱カ）し」と伝えている。義氏は、三河守に任官したことがないため、この記述は正確とはいいがたいが、頼氏は義父の義氏の後援で三河守に任官できたことを伝えていると解される。

　以上のことから、頼氏も足利本宗家との関係を深め、その一員に準じる存在になった様子がうかがえよう。世良田氏も、御家人としての存立基盤を固めるべく、婚姻を機に足利一門化を志向したのではなかろうか。

ところで、頼氏の三河守任官が、義氏の後援によるものだとすると、政義の自由出家の背後には、本宗家と世良田氏の対抗関係があり、本宗家がこれに敗れたことを想定できる。すなわち、前節において、政義は衛門尉任官の推挙申請に義氏の後援を期待したものの、それを得られなかったことが、自由出家の直接の契機になったと推測した。このとき、頼氏はすでに三河守に任官していたことから（『吾妻鏡』寛元二年八月一五日条）、政義の衛門尉任官希望は頼氏への対抗心の表れと理解できる。そして、頼氏が義氏の後援を得られたのに対し、政義はそれを得られなかったことは、義氏が新田氏のなかで提携すべき相手として選んだのは、政義ではなく頼氏だったことを表していると考えられるのである。

足利本宗家との提携のもと、新田一族の代表として、順調な活躍を見せていた頼氏だったが、文永九年（一二七二）二月、突然佐渡国《さどのくに》に流罪となり、失脚してしまった（「長楽寺系図」）。この原因は不明だが、失脚した時期に注目すると、「二月騒動《にがつそうどう》」と呼ばれる幕府の政争に巻き込まれた可能性が高いといわれている。二月騒動とは、執権北条時宗が対抗勢力の一掃を企て、異母兄の北条時輔《ときすけ》と一族の名越時章《なごえときあき》・教章《のりあき》兄弟を誅殺《ちゅうさつ》した事件である。実は、頼氏の妻には、義氏の娘のほかに、時章・教章兄弟の姉妹にあたる女性もいたことから、頼氏はこの事件に連座して失脚したと考えられている（久保田順一『中世前期上野の地域社会』）。

この事件を機に、世良田氏は力を落とし、足利本宗家の庇護下に入ったと見られる。後述するが、のちに尊氏が鎌倉幕府に叛旗《はんき》を翻《ひるがえ》すと、嫡子の義詮《よしあきら》は鎌倉から世良田へ逃れ、そこで挙兵した。その際、義詮の麾下に、頼氏の曽孫《そうそん》にあたる満義《みつよし》がいたことが確認できる（康永元年〈一三四二〉八月一五日付鹿島利氏申状写《かしまとしうじもうしじょううつし》、『南北朝遺文《なんぼくちょういぶん》関東編』一三五六号）。この事実から、鎌倉末期の時点で、世良田氏が足利本宗家に従属していたことが知られるが、その契機は、二月騒動による頼氏の失脚に求められると考えられるのである。

地域権力としての姿

新田氏の軍事的テリトリーをたどる

一般的に「武士団」というと、中世武士の封建的主従関係《ほうけんてきしゅじゅうかんけい》にもとづく恒常的に組織された武力集団、というイメージで語られることが多いだろう。

地域権力としての新田氏

しかし、一九八〇年代以降、中世武士の職業戦士としての側面を追究した職能論的武士論《しょくのうろんてきぶしろん》と呼ばれる研究が進展し、かつては想定外だった中世武士と生産・交通・流通・都市との関係が、実は密接なものだったことが明らかにされた。この成果を受けて、中世武士団研究も、職能論的武士論が捨象した中世武士の地域社会における存在形態を追究する形で見直しが進められ、次のような新しい武士団像を提示した。すなわち、中世武士団とは、地域における水陸交通・流通の要衝《ようしょう》を掌握し、そこに居館を設定することで在来勢力を組織して、数郡から一国規模におよぶ軍事的テリトリー（勢力圏）を構築した地域権力、というイメージを打ち出したのである。

こうした新しい武士団研究の登場により、新田氏も、上野中央部・東部および武蔵北部一帯に軍事的テリトリーを築いた地域権力として捉え直されるようになった（須藤聡「北関東の武士団」・「中世前期における新田一族と交通路」）。そこで本章では、いったん政治史から離れ、新田氏の地域権力としての実態について見ていくことにしたい。

八幡荘とその周辺域

本節では、新田氏の軍事的テリトリーを構成した主要所領の様相から、地域レベルにおける新田氏の活動実態を見ていきたい。まずは、上野国における新田氏の本来の本領だった、八幡荘とその周辺域を見てみよう（岡陽一郎「中世居館再考」、久保田順一『新田義重』）。

八幡荘は、上野国府近傍にあり、東山道と鎌倉街道上道《かまくらかいどうかみつみち》（鎌倉と上信越を結ぶ街道）という重要幹線が荘内で交わる、交通・流通の要衝に位置する荘園だった。なかでも、新田義重が「寺尾城」を築いた荘内の寺尾は、上野国府方面と武蔵方面への交通の分岐点に位置し、さらに目の前には鎌倉街道上道の渡河点《とかてん》となった「佐野《さの》の舟橋《ふなばし》」（烏川《からすがわ》にかけられた舟橋）があるなどの要地だった。

義重は、長子の義俊を里見に、次子の義範を山名郷に配置したが、里見と山名郷は、そ

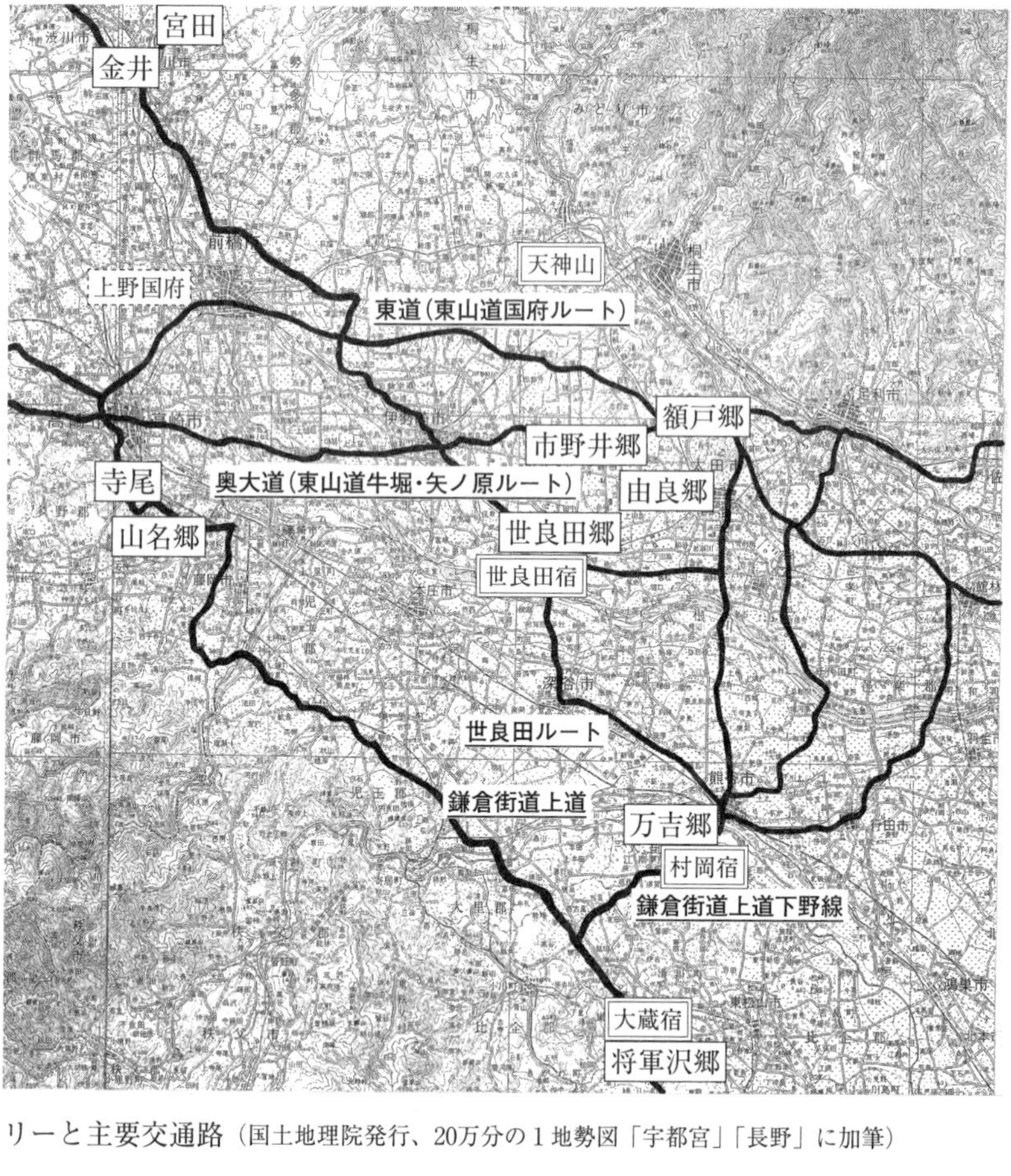

リーと主要交通路（国土地理院発行、20万分の１地勢図「宇都宮」「長野」に加筆）

図21　新田氏の軍事的テリト

れぞれ八幡荘の南北に位置する周辺域の所領である（里見は郷とも村とも確認できないという）。ここで注目すべきは、里見も山名郷も、上野国外へ通じる主要交通路上に位置していたことである。すなわち、前者は東山道から分岐して信濃へ至る大戸道《おおとみち》上に、後者は鎌倉街道上道上に位置していたのである。義重が拠点を構えた寺尾は、里見と山名郷を結ぶラインのほぼ中間に位置しており、里見と山名郷に築かれた義俊と義範の拠点と連関させることで、北武蔵・東信濃へ通じる上野中央部の主要交通・流通路の掌握を目指したと考えられる。

義重が築いた寺尾城は、「寺《てら》尾《お》館《やかた》」としても見える（『吾妻鏡』治承四年〈一一八〇〉一

図22　里見氏館跡（群馬県高崎市、里見城跡）

図23　山名氏館跡（群馬県高崎市、光台寺）

図24　寺尾館跡から佐野渡を望む（群馬県高崎市、永福寺）

二月二二日条）ことから、平時は交通拠点に設けられた居館として存在し、それが内乱を迎えるにおよんで、城郭化されたものと考えられる。治承・寿永内乱期の城郭は、道を遮断《しゃだん》するための堀を造り、掻《かい》楯《たて》（楯を横一列に並べたもの）と逆茂木《さかもぎ》（木の柵）を設置するというバリケードの形態をとっていた。おそらく寺尾城も、居館にこうしたバリケードを臨時的に加えたものだったと推測される。

　寺尾城の所在地は不明だが、義重開基《かいき》の伝承がある永福寺《えいふくじ》付近（群馬県高崎市寺尾町）が有力視されている。ここは、佐野の舟橋を正面に臨む地であり、一三世紀の中国製陶磁器片《とうじきへん》が採集され、一三世紀には寺院が存在したと指摘されている（『新編高崎市史　通史編２　中世』）。義重の寺尾館が、のちに寺院に転化し、現在の永福寺へ継承された可能性を想定できる。

図25-1　宮田不動寺から越後方面を望む（群馬県渋川市）

図25-2　宮田不動明王立像（渋川市教育委員会提供）

里見氏のもう一つの拠点・宮田

ところで、義俊から始まる里見氏は、一三世紀後半までに越後南部の波多岐荘《はたきのしょう》（新潟県十日町市・津南町）に所領を形成していたことが知られている。その前提には、里見氏が上野から越後へ向かう交通・流通路を押さえていた事実があった。すなわち、里見を通る大戸道は、大戸で分岐して吾妻《あがつま》郡《ぐん》に入り越後へ至る交通路でもあったため、里見氏は里見に拠点を構えることで、上野から越後へ向かう交通・流通路を押さえることができたのである。

図26　源義秀宝篋印塔（群馬県渋川市、金蔵寺）

宮田《みやた》（群馬県渋川市）にある不動寺《ふどうじ》の石造《せきぞう》不動明王立像《ふどうみょうおうりつぞう》は、胎内墨書銘《たいないぼくしょめい》から、建長三年（一二五一）に里見義成の孫にあたる氏義《うじよし》が造立したことが判明する。このことから、里見氏は、宮田周辺にも拠点を構えていた可能性が指摘されている（須藤聡「鎌倉期里見一族の動向と平賀一族」）。宮田は、上野東部・中央部から利根川左岸を通り、沼田《ぬまた》（群馬県沼田市）を経て越後へ向かう交通路上に位置することから、里見氏はここに拠点を構えることで、上野から越後へ向かうもう一方の交通路も押さえることができたと見られる。

なお、宮田の南方にある、沼田と吾妻郡方面の分岐点に位置する金井《かない》（群馬県渋川市）の金蔵寺《きんぞうじ》には、康永二年（一三四三）の銘を持つ「源義秀《よしひで》」を追善供《ついぜんく》養《よう》した宝篋印塔《ほうきょういんとう》がある。この宝篋印塔は、新田氏との関わりが深いと考えられている、須弥壇式《しゅみだんしき》宝篋印塔と呼ばれる形式をもつ。このことから、義秀は、宮田周辺を拠点としていた里見氏の人物と推測されている（磯部淳一「蕨手文隅飾をもつ宝篋印塔の考察」）。この推測が正しければ、里見氏の勢力圏は、宮田から吾妻川の右岸まで広がっていたことになる。

このように里見氏は、里見と宮田に拠点を構えることで、上野から越後へ通じる二つの交通・流通路を押さえ、越後南部へ進出したのである。南北朝期、上越国境地帯は新田氏の活動を支える重要な勢力基盤となったが、その土台は、里見氏の越後南部進出によって形成されたと考えられる。

世良田郷

さて、義重は本領を八幡荘から新田荘へ移したが、その拠点は、早川流域の開発私領（空閑の郷々）の一つである世良田郷に構えられた。世良田にある総持寺《そうじじ》は、義重の居館跡の伝承を持っており、その可能性が高いと指摘されている（山本隆志『新田義貞』）。のちに世良田郷を名字の地とした、義重の子義季を祖とする世良

図27　世良田新田館跡（群馬県太田市世良田町、総持寺）

田氏の居館は、総持寺の南東五〇〇《メートル》程に位置する、氏寺《うじでら》である長楽寺《ちょうらくじ》の西に接する居館跡と目されているので、この義重の居館は、新田本宗家の居館として相伝されたと考えられる。『太平記』には、義貞が世良田宿を「我館《わがたち》の辺」と述べたことが見えるが（巻第一〇「新田義貞謀叛事《むほんのこと》付天狗越後勢《てんぐえちごぜい》を催す事」）、総持寺の場所に本宗家の居館があったと考えると、この義貞の台詞は違和感なく受け止められる。

世良田郷は、上野中央部・東上野・北武蔵へ至る陸上交通路が集結するとともに、早川によってすぐ南の利根川にもつながる物資輸送に便利な水陸交通の要地であり、新田荘外との接続において最も優れた立地条件を有していた。新田荘の開発を進める義重が、物資や人を集めるのに便利な世良田郷に拠点を構えたのは、きわめて自然といえよう。世良田郷はまた、利根川および鎌倉初期には那波郡《なばぐん》で利根川に合流していた烏川を介して、山名郷—寺尾—里見とつながっていたと指摘されている（山本隆志『東

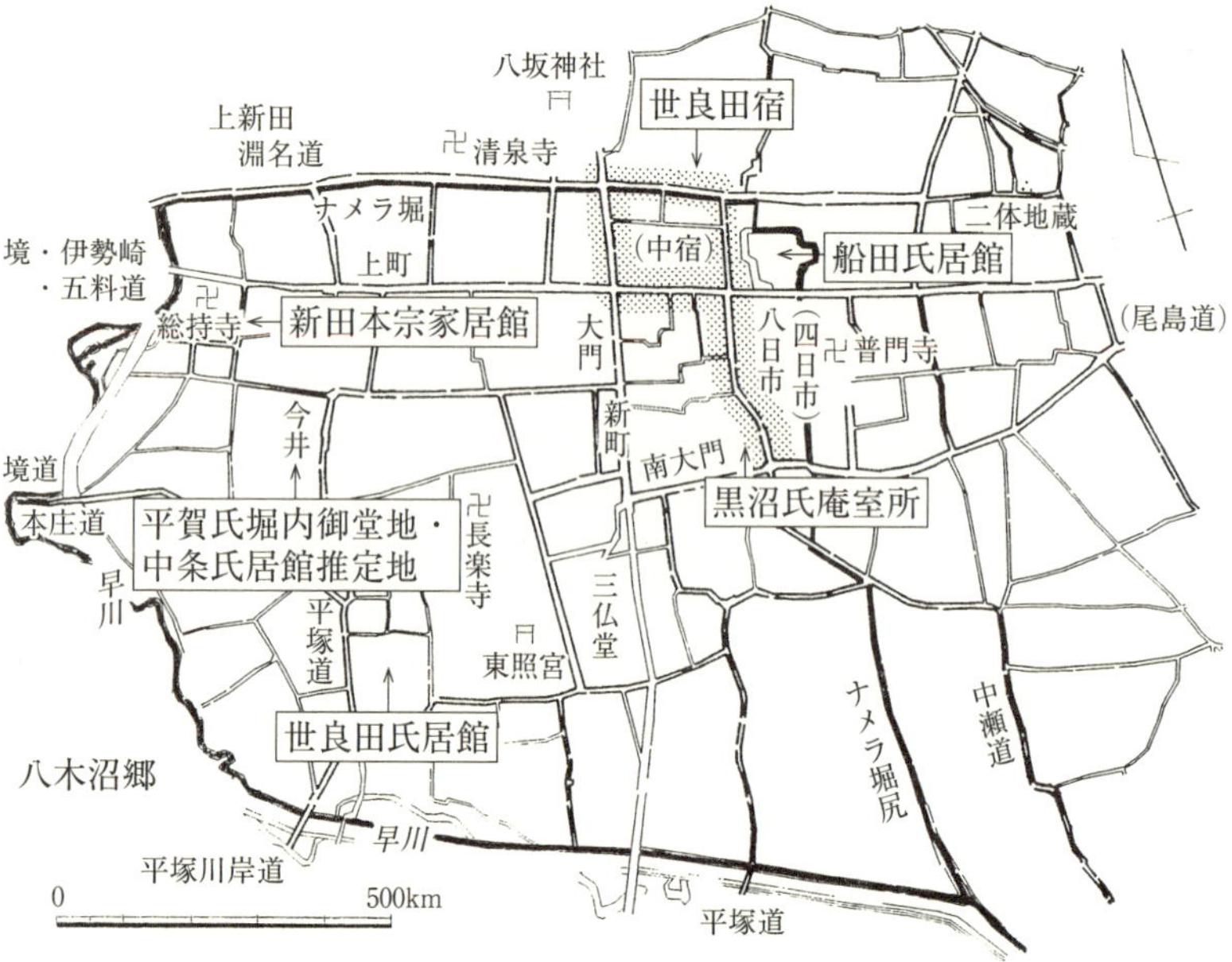

図28　世良田郷図（『太田市史通史編　中世』110頁より、一部加筆）

図29　世良田宿跡
（群馬県太田市世良田町）

国における武士勢力の成立と展開』）。すると義重は、世良田郷に拠点を構えて、山名郷―寺尾―里見の拠点ラインと連関させることで、上野中央部から東部にかけての交通・流通路の掌握を目論んだとも考えられよう。

水陸交通の要地だった世良田郷には、遅くとも一三世紀半ばには、世良田宿《せらだしゆく》という町場が成立していた。そのなかには、「四日市場《よっかいちば》」が形成されたが（「長」八四号）、現在、長楽寺の東に「八日市《ようかいち》」という地名があり、史料に見える四日市が転訛《てんか》した地名と考えられる。さらに、北に接する中今井郷《なかいまいごう》内には、「六日市庭《むいかいちば》」が形成されていたことが確認できる（「長」六五号）。中今井郷の六日市は、地理的な位置関係から、世良田宿四日市の外延的延長上に形成された市と見られる。すると世良田宿は、四日市と六日市という二つの市を包摂していたと理解でき、新田荘周辺地域における拠点的な町場になっていたと考えられる。

ここで想起されるのが、「新田庄世良田には、有徳《うとく》の者多しとて、出雲介親連《いずものすけちかつら》・黒沼彦《くろぬまひこ》四郎入道《しろうにゅうどう》を使《つかい》にて、『六万貫を五日中に沙汰すべし。』と、堅く下知《げち》せられければ」という『太平記』の記述（巻第一〇「新田義貞謀叛事付天狗越後勢を催す事」）である。世良田宿には、有徳人《うとくにん》（富裕者）が数多く集住しており、それゆえわずか五日のうちに六万貫もの戦費を徴収できると、鎌倉幕府から見込まれたというのである。つまり、世良田宿は、幕

図30　ナメラ堀（群馬県太田市世良田町）

府から関東近国のなかでも屈指の「経済都市」と認識されていたのであり、『太平記』の記述からも、世良田宿が新田荘周辺地域における拠点的な町場だったことがうかがえる。新田氏の軍事的テリトリーには、関東近国のなかでも屈指の「経済都市」世良田宿が含まれていた事実は、注目に値しよう。

ところで、世良田郷の周囲には、「ナメラ堀」と呼ばれる堀がめぐらされていた。宿《しゅく》の存立には、物や人の移動を支えた馬を水で冷やす水場が必要であることから、ナメラ堀は世良田宿の形成とともに開削されたと推測されている（山本隆志『東国における武士勢力の成立と展開』）。世良田宿のような地域の拠点的な町場は、自然発生的に形成されるのではなく、幕府や地域の領主といった権力による働きかけ（開発）によって形成されたと見るべきである。しかし、ナメラ堀開削を含む世良田宿開発の主体・時期について、明確にすることはできない。ひとまず、後述する長楽寺の建立と関連させて、一三世紀前半に新田氏（世良田氏）の主導のもとに開発が着手されたと考えておきたい。

一四世紀半ば、世良田郷北部の三木《みつき》に村落が形成されたことが確認できる（「長」七四号）。前述したように、世良田郷の北に接する中今井郷には、六日市が世良田宿四日市の外延的延長上に形成された。これらの事実を勘案すると、世良田郷は、北に向かって外延的に開発が続けられた様相がうかがえる。そして、注目すべきは、この世良田郷北部の開発と連動するように、最近、ナメラ堀の北側に別の堀も開削されていたことが発掘調査によって確認されたことである（二〇一三年三月に太田市教育委員会文化財課〈当時〉の天笠洋一氏のご案内を得た）。

このナメラ堀の北側に開削された堀も、ナメラ堀と同じく、おそらく早川からの引水を目的としたものと考えられる。この堀からは、貞和三年・四年（一三四七・四八）銘の板《いた》碑《び》が出土していることから、一四世紀半ばには開削されていたと推測される。したがって、この堀の開削は、世良田郷北部への外延的開発と関連することが予想されるが、確かなことは不明といわざるをえない。今後の発掘成果を待って、この堀の開削時期を絞り込み、そこから開削目的・主体について議論していくことが必要になろう。現時点でいえることは、世良田郷はその立地条件の重要性から、一二世紀後半以来断続的に開発が行われたこと、そして、新田氏がこれに関与していたと推測されることである。

市野井郷と由良郷別所

新田荘の開発は、当初、世良田郷を中心とする西南部から進められたが、やがて義重は、新田荘を西南部・中央部・東部・東北部の四つに分割して、開発を全域に広げていった。これらのうち、笠懸野《かさがけの》（大間々扇状地《おおまませんじょうち》）南端の扇端部に広がる広大な新田荘中央部は、義重の嫡子である義兼が領有し、開発を進めた（図32参照）。義兼が、「新田」の名字を継承できた根拠は、ここにある。

新田荘中央部は、笠懸野の伏流水《ふくりゅうすい》が地表に出るところであり、東西に湧水地《ゆうすいち》が並んでいる。この一帯には、寺井《てらい》・小金井《こがねい》・上野井《うえのい》・金井《かない》など「井」のつく地名が並んでおり、このことも多くの湧水地が連なっていることを物語る。中央部の郷・村では、これらの湧水を利用した開発・農耕が可能であり、これらを引水する下流域の郷・村よりも優位にあったと考えられる。

義兼は、水利に恵まれた有利な条件を持つ中央部の所領を継承したわけだが、その開発拠点が構えられたと目されている所領が、市野井《いちのい》（一井）郷《ごう》である（久保田順一「笠懸野南

図31-1　世良田環濠集落８号溝（群馬県太田市世良田町、太田市教育委員会提供）

図31-2　貞和三年銘出土板碑（群馬県太田市世良田町、太田市教育委員会提供）

図32　新田本宗家所領分布図（久保田順一「笠懸野南端部の開発について」67頁より、一部加筆）

図33　重殿水源（群馬県太田市新田市野井町）

端部の開発について」)。なぜならば、付近には、新田郡の郡衙《ぐんが》（郡を治める役所）跡である天《てん》良《ら》七堂《しちどう》遺跡や新田駅《うまや》跡と有力視されている入谷《いりや》遺跡があることから、市野井郷周辺は新田荘の前身である新田郡の中心地だったことがうかがえるからである。

新田駅跡が近くに所在することからわかるように、市野井郷は古代東山道（牛堀《うしぼり》・矢《や》ノ原《はら》ルート）上に位置していたが、この古代東山道は、中世でも「奥大道《おくだいどう》」と呼ばれた上野国を横断する幹線として存続した（久保田順一『中世前期上野の地域社会』）。つまり、市野井郷は、中世においても上野中央部と東部を結ぶ幹線上に位置していた

図34　生品神社（群馬県太田市新田市野井町）

のである。したがって、市野井郷の拠点化は、新田氏が上野国の交通・流通路の掌握を進めるうえでも有効だったと考えられる。

市野井郷の奥大道沿いには、原宿・下原宿という「宿」の字が付く地名が残っており、宿が形成された痕跡《こんせき》が認められる。義兼による市野井郷の拠点化が認められるとすれば、市野井郷の宿の形成は、これと関連する可能性がある。ちなみに、市野井には、一《いち》ノ字池《あざいけ》という湧水池を北側の堀とする、通称「蛇屋敷《へびやしき》」と呼ばれる約一町（一〇九メートル）四方の規模を有する居館跡があるが、義兼の時代まで遡るものかは定かでない。

市野井郷には、新田義貞挙兵伝承地と

して有名な生品神社《いくしなじんじゃ》が鎮座《ちんざ》する点も注目される。生品神社は、古代から新田郡内で祀《まつ》られてきた由緒ある神社であり、新田郡の産土神《うぶすながみ》（土地の守護神）として尊崇《そんすう》されていたと見られている。しかし、生品神社は、市野井だけにある神社ではない。その多くは、笠懸野と八王子《はちおうじ》丘陵《きゅうりょう》との間に流れる小河川に沿って分布しており、もともとその水利を守護する農業神・水神として祀られていたと考えられている。したがって、市野井も水利に恵まれた場所とはいえ、この水系から外れていることから、市野井の生品神社は、後世に勧《かん》請《じょう》された可能性が高い。義兼が市野井郷に拠点を構えたとすると、農業神・水神であり、かつ新田郡の最重要の神でもある生品神を自らの拠点に取り込むべく、義兼によって勧請されたとも考えられよう（久保田順一「笠懸野南端部の開発について」）。この想定が妥当ならば、新田本宗家の祖となった義兼が勧請した市野井の生品神社は、義貞が一族を集めて挙兵を行う場として最適だったといえよう。

ところで、従来、中央部における新田本宗家の拠点として知られているのが、由良郷別《ゆらごうべつ》所《しょ》である。ここには、政義の開基と伝承される円福寺《えんぷくじ》があり、そのなかには、政義の孫（義貞の祖父）にあたる基氏の墓を含む「新田氏歴代の墓所」がある。こうしたことから、円福寺を新田本宗家の氏寺、その東北部に接する居館跡をその居館と推定し、別所は中央部における新田本宗家の拠点と見なされているのである。

図35-1　円福寺
（群馬県太田市別所町）

図35-2　新田氏歴代の墓所（群馬県太田市別所町、円福寺）

この想定は妥当と思われるが、前述したように、市野井郷も中央部における新田本宗家の拠点と考えられる。中央部の領域は広大であるから、開発拠点が複数設定されたとしても、決して不自然ではないだろう。したがって、別所は市野井郷とともに、中央部における新田本宗家の開発拠点の一つと理解できよう。

別所は、由良郷の中心部ではなく西外れに位置しているが、これも不自然なことではない。というのも、全国に散見される「別所」と称される場の多くは、荘や郷といった既存の単位所領の辺縁《へんべり》（境界域）に位置することが確認されているからである（藤本頼人「『別所』地名と水陸のみち」）。別所と呼ばれる場が、いわば行政単位の辺縁に現れるのは、地域の再開発の拠点として後発的に設定されたためと考えられている。そして、行政単位の辺縁に設定されるがゆえに、別所は交通・流通に深く関わる環境に立地したとも指摘されている。すると、由良郷の別所も、新田本宗家が由良郷の再開発を進めるべく、外部との接続に優れた立地条件を有する場に設定された拠点と理解できる。由良郷の内部に形成された別所・脇屋《わきや》・細谷《ほそや》・奥《おく》の村々は、その所産と考えられよう。

万吉郷と将軍沢郷

最後に、万吉郷と将軍沢郷《しょうぐんさわごう》（埼玉県嵐山町）という、北武蔵に所在した所領を見てみたい。万吉郷は、義兼の妻である新田尼が、孫の時兼に譲った所領であり、以降、岩松氏に継承されていった。一方、将軍沢郷は、世良田氏がその一部を長楽寺に寄進していることから（「長」五四・六〇号）、世良田氏の所領があったことが知られる。

新田氏が北武蔵に保持したこれらの所領は、本来の所領ではなく、婚姻や勲功《くんこう》を契機として、新たに獲得した所領と考えられている。本書でも、「新田氏の成立」の章において、万吉郷は畠山氏出身と見られる新田尼が実家から譲られた所領と考えた。しかしながら、この二つの所領の共通点に着目すると、別の可能性も考えられる。

すなわち、万吉郷は、鎌倉街道上道の重要支線である下野線《しもつけせん》（埼玉県比企郡で分岐して足利方面に向かう鎌倉街道）上に位置し、一三世紀初頭に熊谷直実《くまがいなおざね》が往生を予告する高札《こうさつ》を立て、かつ南北朝期には軍勢の集結地として史料上に頻出《ひんしゅつ》する村岡宿《むらおかしゅく》・市《いち》に隣接した要衝の地だった。一方、将軍沢郷もまた、鎌倉街道上道上に位置し、入間川《いるまがわ》水系の都幾川《ときがわ》の渡河点に一二世紀後半には形成されていた大蔵宿《おおくらしゅく》・市《いち》（行司免《ぎょうじめん》遺跡）に隣接した要衝の地だった。このように二つの所領は、所領内を幹線が通り、地域の経済拠点となった宿・市＝町場に隣接するという共通点が認められるのである。そして、この共通点のなかで注目すべきは、万吉郷と将軍沢郷がそれぞれ隣接する村岡宿と大蔵宿は、前者が村岡と世良田とを結ぶ交通路（世良田ルート）を介して新田荘と結びつき、後者が鎌倉街道上道を介して八幡荘と結びつくといった具合に、新田氏が本領とした所領へ容易にアクセスできる立地にあったという事実である。

以上のことを踏まえると、新田氏は、世良田郷を拠点に新田荘の開発に着手すると、開発に必要な物資や人を調達するべく、村岡宿・市ならびに大蔵宿・市という北武蔵地域の経済拠点へも進出し、これらの周辺に活動拠点を設定したと考えられる。というのも、次節で見るように、世良田宿の周辺には、新田荘周辺地域の武士たちの活動拠点が設定されたことが確認できることから、村岡宿と大蔵宿にも同様の事態を想定できるからである。そして、新田本宗家が世良田郷の西に接する八木沼郷《やぎぬまごう》（世良田氏の根本所領の一つ）に所領を形成したのをはじめとして、世良田宿の周辺に拠点を構えた武士たちは、世良田郷の近隣に所領を形成したことも確認できる（次節表1参照）。この事実を踏まえると、新田氏（義重）は、村岡宿や大蔵宿の周辺に拠点を構えて活動するなかで、隣接する万吉郷や将軍沢郷に所領を形成したとも考えられるのである。

新田氏が北武蔵に保持した所領は、むろん、婚姻や勲功を契機に獲得したものだった可能性は否定できない。なかでも、万吉郷の獲得は、畠山氏との婚姻を契機とした可能性が高いと思われる。しかし一方で、北武蔵の経済拠点への進出を契機とした可能性も、充分想定できるのである。鎌倉期の武士が、地域の経済拠点での活動を通してその近隣に所領を形成したことが認められるとすると、それが地域社会および荘園制という統治の仕組みにいかなる影響を与えたかを究明することは、今後、当該期の地域社会および荘園制の実態を追究していくうえで、重要な課題になると考えるのである。

新田氏の求心力を探る

軍事的テリトリーの実体

新田氏は、上野中央部・東部および武蔵北部一帯に軍事的テリトリーを築いた地域権力として君臨した。しかし、ここで注意すべきは、新田氏の軍事的テリトリーとは、新田氏によって排他的に掌握された領域ではなかったという事実である。

「新田氏の成立」の章で述べたように、新田荘の開発には、新田氏をはじめとする複数の勢力が関与し、それぞれ荘内に所領（権益）を形成した。この事実からもうかがえるように、新田氏の広域的な軍事的テリトリーは、多様な武士たちとの共生関係を内包する形で構築された領域だったのである。そして、多様な武士たちとの共生関係は、競合関係と表裏の関係にあったと考えられることから、新田氏の広域的な軍事的テリトリーは流動的

図36　天神山採石場跡（群馬県みどり市）

な性質を伴うものだったと考えられる。したがって、新田氏が軍事的テリトリーを安定的に維持するためには、そのなかで活動する武士たちに対して求心力（優位性）を確保することが不可欠だったと考えられよう。

それでは、新田氏の求心力を担保したものとは、具体的にいかなるものだったのだろうか。本節では、地域社会において新田氏が有した求心力の内実について考えてみたい。

天神山石材と新田氏

まず、注目されるのが、天神山《てんじんやま》石材である。天神山石材とは、新田荘北部の鹿田《しかだ》天神山から産出された、良質の凝灰岩《ぎょうかいがん》石材のことである。これは、一三世紀後半から一五世紀にかけて、宝塔《ほうとう》・五輪塔《ごりんとう》・石仏《せきぶつ》などの造塔・造仏石材として珍重され、利根川と荒川の水系に沿って、主に上野中央部・東部―下野南西部―武蔵北部一帯に流通したことが確認されている（國井洋子「中世東国における造塔・造仏用石材の産地とその供給圏」）。

中世の武士の本拠地には、居館とともに一族の葬送地《そうそうち》である墳墓《ふんぼ》が造営され、さらに極《ごく》楽往生《らくおうじょう》を願う装置として阿弥陀堂《あみだどう》も建立された（齋藤慎一『中世武士の城』）。つまり、中世の武士は、本拠地に先祖の供養塔や墓石としての五輪塔、さらには極楽浄土に往生し成仏することを願うための石仏（阿弥陀仏）の造立を必要としていたのである。したがって、天神山石材の流通は、上野中央部・東部―下野南西部―武蔵北部一帯の武士たちの、こうした石材需要に対応したものだったと理解できよう。

そして、ここで注目すべきは、天神山石材の流通範囲は新田氏の軍事的テリトリーとほぼ重なるという事実である。このことから、天神山石材とは、新田氏が自己の軍事的テリトリー内で活動する武士に対して供給した物資だったと推測できよう。天神山のわずか三キロ北西に位置する淵名荘の石山《いしやま》からは、同じように凝灰岩石材が産出され、一四世紀から流通した。しかし、その流通は、上野中央部の赤城山南麓地域を中心とする狭い範囲に限定されており、新田荘より東の地域には流通しなかったことが確認されている。この事実は、特に上野東部―下野南西部―武蔵北部一帯の武士たちへの石材供給を新田氏が独占的に担い、後発の石山石材を供給する武士はここに入り込めなかったことを物語っていよう。

天神山が所在した鹿田郷の領主は、新田氏の執事《しつじ》を務めた船田氏《ふなだし》だったと目されており（峰岸純夫『新田義貞』）、天神山石材は船田氏の所管として、新田氏の軍事的テリトリー一帯の武士たちに供給されたと考えられる。そして、天神山石材の供給により、新田氏は豊富な財源を形成したと見られる。新田氏は、中世の武士たちの必需品ともいえる石材の供給者として、自己の軍事的テリトリー内で活動する武士に対する求心力と豊かな経済力を確保できたのである。

長楽寺の歴史的性格

次に注目されるのが、世良田宿の存在であるが、その前に世良田宿に隣接して建立された長楽寺について一瞥《いちべつ》しておきたい。実は、世良田宿は一三世紀後半には長楽寺に支配され、その門前町になっていたことが確認できる（「長」一〇六号）からである。

長楽寺は、承久三年（一二二一）、世良田氏の祖となった義季によって創建された寺院で、開山《かいざん》は釈円房栄朝《しやくえんぼうようちよう》なる僧侶である。栄朝は、武蔵国比企郡慈光寺《じこうじ》（埼玉県ときがわ町）の厳耀《がんよう》別当のもとで出家し、天台密教《てんだいみつきよう》の伝法灌頂《でんぽうかんじよう》を受けると、やがて「大勧進上《だいかんじんしよう》人《にん》」と号し、ついで栄西《ようさい》から禅を修得した人物だった。栄朝の師の厳耀は、畠山重忠の大叔父にあたることから、栄朝の招聘《しょうへい》は、新田氏と畠山氏の交流のなかで実現したと考えられる。

自ら大勧進上人と号したことからも推察されるように、栄朝は天台系の勧進僧として、当時、関東に遍在《へんざい》していた天台聖《ひじり》の持つ技術を組織する能力を備えていたと考えられる。栄朝は、こうした能力を期待されて義季に招聘されたと見られ、栄朝が開いた長楽寺は、天台聖の「技術集積所」として建立されたと考えられよう。このように考えると、創建当初の長楽寺には、新田荘開発の推進基地という性格が付与されていたと指摘できよう。

すると、義季とその子孫たちは、ナメラ堀開削を含む世良田宿の開発および世良田郷北方への外延的開発に際し、長楽寺に集積された天台聖たちの技術を駆使したと見られ、世良田郷一帯の開発は義季系の人びとが主導したと考えら

図37　長楽寺（群馬県太田市世良田町）

れる。義季の子孫が、世良田を名字とした根拠は、こうした点に求められよう。

徳治元年（一三〇六）、覚源《かくげん》なる僧侶が、世良田宿に立ち寄った際の出来事を記した史料（「勅諡《ちょくし》覚源《かくげん》禅師《ぜんじ》平心処齋《へいしんしょせい》和尚《おしょう》年譜略《ねんぷりゃく》」、『大日本史料　第六編之三二』所収）が残されている。これを見ると、当時の世良田宿は「上野国世羅田《せらた》之門前」と称され、宿の住人たちによる「読誦《どくしょう》書写《しょしゃ》之《の》法会《ほうえ》」が行われていたことがわかる。このことからも、一四世紀初頭の世良田宿は長楽寺と一体化し、その門前町として存立していたことが確認できる。したがって、当初、新田氏の「開発技術集積所」として創建された長楽寺は、やがて世良田宿住人たちとの結びつきを強め、彼らの「信仰上の結集の場」へと性格を変化させ、世良田宿のシンボル的存在になったと把握できる。また、後述するように、長楽寺には新田一族のほかに、新田荘周辺地域の武士たちからも所領が寄進された。したがって、長楽寺は、世良田宿の住人たちばかりでなく、新田一族および新田荘周辺地域の武士たちにとっても、「信仰上の結集の場」になっていたといえよう。

ところで、栄朝に始まる長楽寺の歴代住持《じゅうじ》には、六世の鑑堂大円《がんどうだいえん》に至るまで、顕密仏《けんみつぶっ》教《きょう》（南都六宗《なんとろくしゅう》および天台・真言宗《しんごんしゅう》）系の名僧が連なった。長楽寺は、顕密・禅の兼修寺《けんしゅうじ》院として存在したのである（山本世紀「初期禅宗寺院の性格について」）。ここで、長楽寺の顕密寺院としての側面に注目すると、長楽寺では、一切経会《いっさいきょうえ》のような国家安穏《こっかあんのん》・五穀豊《ごこくほう》穣《じょう》・天変地異《てんぺんちい》の除災《じょさい》を祈願する法会が行われていた可能性を想定することができる。すると、長楽寺には、地域に現世利益《げんぜりやく》をもたらす法会を行う装置としての側面もあったことが認められよう。長楽寺を建立した新田氏（世良田氏）は、その外護者《げごしゃ》として現れることで、自らを地域に現世利益をもたらす存在と位置づけ、地域支配の正当性を獲得できたと考えられるのである。

世良田宿に集う武士たち

それでは改めて、世良田宿について見ていきたい。前述したように、世良田宿は、一三世紀後半までに長楽寺との結びつきを強め、その門前町になっていた。そこで、長楽寺をめぐる武士たちの動向から、世良田宿の空間的特質を明らかにしてみたい。

長楽寺は、世良田氏の祖となった義季によって創建された寺院だったが、鎌倉期を通じて世良田氏以外の武士たちからも断続的に所領が寄進された。表1は、その様相をまとめたものである。これを用いて、長楽寺へ所領を寄進した武士たちの顔ぶれを具体的に確認するとともに、所領寄進の様相から、長楽寺をめぐる武士たちの動向を考察したい。便宜上、長楽寺が焼失した時期と推定される正和二年（一三一三）で区切り、前後にわけて考察する。

最初に、焼失前（表1①・②）を見てみよう。ここでは、新田一族に連なる人物として、

表1　長楽寺の寄進所領集積過程

①創建~頼氏失脚(承久三年〈一二二一〉~文永九年〈一二七二〉)

年	寄進所領	寄進者	史料
寛元四年(一二四六)	女塚郷	世良田義季	20号
建長四年(一二五二)	武蔵国中条保内水田1町	中条時家	47号
康元二年(一二五七)	世良田郷内田1町4反・在家1宇	世良田頼氏	20号

②頼氏失脚~正和火災前(文永九年〈一二七二〉~正和元年〈一三一二〉)

年	寄進所領	寄進者	史料
建治三年(一二七七)	上江田内田3町・在家1宇	浄　院	48号
弘安三年(一二八〇)	今井堀内御堂地	金津輔村	49号
弘安一〇年(一二八七)	上今井内道忍跡屋敷堀内	〃	50号
永仁五年(一二九七)	越後国波多岐荘深見内在家2宇付属田畠	念空・慈円	52号
〃	鳥山郷内在家1宇・田2町3反	〃	53号
正安元年(一二九九)	武蔵国比企郡南方将軍沢郷内田3反	静　真	54号
乾元二年(一三〇三)	上佐貫荘飯塚郷内名田1町	了　見	55号
徳治二年(一三〇七)	中今井内世良田四日市北野畠1町1反	鳥山成経	56号
〃	中今井内堀込畠1町4反半	〃	81・85号
不　明	不　明	岡部三郎	107号

③正和火災以後（道海再建事業）

（1）正和二年（一三一三）～元応二年（一三二〇）

年	寄進所領	売却者／（寄進者）	史料	買得者
正和二年（一三一三）	下江田村赤堀内在家1宇・田3町4反小	妙阿	※	A
正和三年（一三一四）	八木沼郷内在家3宇・畠5町6反	新田朝兼	86号	A
正和四年（一三一五）	八木沼郷内在家2宇・畠3町8反	〃	87号	A
文保元年（一三一七）	佐貫荘上中森郷内在家2宇・田2反・畠2町8反	佐貫氏秀	8号	仙心
〃	佐貫荘上中森郷内畠1反大	佐貫願阿	8号	仙心
文保二年（一三一八）	八木沼郷内在家7宇・畠15町7反	新田義貞	88号	A
〃	村田郷内辻在家1宇・内畠1町2反・田1町7反	村田頼親	90号	A
〃ヵ	西谷村在家4宇・畠8反・田6町	新田義貞ヵ	64号	A
元応元年（一三一九）	佐貫荘上中森郷内畠5反	佐貫経信	10号	仙心
〃	佐貫荘梅原郷内在家付田4反・畠6反	梅原時信	91号	仙心
不明	（今居郷2反田）	（中条伊賀禅門）	108号	｜

〔売却所領量〕

○本宗家系…在家16宇・田6町・畠25町9反

○岩松氏系…在家2宇・田5町1反小・畠1町2反

○その他…在家2宇・在家付田4反・田2反・畠4町大

(2)元亨元年(一三二一)～元徳二年(一三三〇)

年	寄進所領	売却者／(寄進者)	史料	買得者
元亨二年(一三二二)	(南女塚村内田在家2宇)	(浄　院)	51号	｜
元亨三年(一三二三)	小角田村畠1町8反	世良田満義	57・62号	C
元亨四年(一三二四)	浜田郷内在家2宇・田3町・畠7反	新田義貞	12号	B
嘉暦二年(一三二七)	東田島村内在家2宇・在家付田2町5反・畠3町9反	田島妙西	13号	B
嘉暦三年(一三二八)	那波郡飯塚郷	那波宗元	63・66号	C
〃	小角田村内在家1宇・田畠2町6反	世良田満義	58・63・70号	C
〃	(佐貫荘内高根郷内弘願寺領)	(三善貞広)	67号	｜
元徳二年(一三三〇)	小角郷内畠2町1反	世良田満義	59・92号	C
〃	小角郷内在家1宇・畠2町5反	〃	61・93号	C
〃	(武蔵国比企郡南方将軍沢郷内在家1宇・田3反)	(世良田満義)	60号	｜
不　明	八木沼郷内畠21町5反60歩・在家8宇	新田義貞カ	69号	B
〃	新田荘飯塚郷内田5町7反・在家3宇	鳥山成経	69号	B

〔売却所領量〕

○本宗家系…在家10宇・田3町・畠22町2反60歩
○岩松氏系…在家2宇・在家付田2町5反・畠3町9反
○世良田氏系…在家2宇・田畠2町6反・畠6町4反
○里見氏系…在家3宇・田5町7反
○その他…那波郡飯塚郷

(3)元徳三年(一三三一)～元徳四年(一三三二)

年	寄進所領	売却者	史料	買得者
元徳三年（一三三一）	那波郡善養寺内田4町3反半・在家2宇	高山重朝	14号	A
〃	武蔵国男衾郡内小泉郷内在家27宇・田2町6反	平時雄	71号	A

(註)1　史料番号は『群馬県史　資料編5』所収の「長楽寺文書」のもの。※は『群馬県史　資料編6』四六七号文書。
2　世良田氏の人物には傍線を付す。
3　「買得者」欄のA＝由良孫三郎景長妻紀氏、B＝小此木彦二郎盛光妻紀氏、C＝大谷道海。
4　③(1)(2)の(　)の所領・人物は、寄進のみを意味する。また③の年は、所領売却の年(寄進のみの場合は寄進した年)を示す。
5　③(2)の新田荘飯塚郷の所領売却者は「長楽寺文書」八一号より、(3)の小泉郷の所領売却者は「同」一〇三号より判明する。
6　③は所領買得者の種類に応じて、便宜上(1)～(3)の三つの時期に区分した。

義季・世良田頼氏・浄院《じょういん》（頼氏の娘）・静真《じょうしん》（世良田教氏《のりうじ》）・念空《ねんくう》（鳥山時成《とりやまときなり》の妻）・慈円《じえん》（時成の孫娘）・鳥山成経《なりつね》の七名が確認できる。そして、新田一族以外の人物では、中条《ちゅうじょう》時家《ときいえ》・金津輔村・了見《りょうけん》・岡部《おかべ》三郎《さぶろう》の四名が確認できる。彼らは、名字ないし寄進所領の所在地から、いずれも新田荘内ないしその周辺＝東上野・北武蔵地域に所領を持っていた武士たちと判断される。

この時期の所領寄進の特徴は、世良田氏からの寄進が多いことである。この事実は、世良田氏の人びととの、長楽寺を創建した一族としての自覚の現れを示しており、長楽寺は基本的に世良田氏の氏寺だったことを表している。しかしその一方で、一三世紀後半から、世良田氏以外の人びとからの寄進が増加するという傾向が見てとれる。この背景には、文永九年（一二七二）の二月騒動と呼ばれる幕府内部の政争に巻き込まれた、当時の新田氏惣領で長楽寺の最有力の外護者だった世良田頼氏の失脚、そして当該期の長楽寺住持の院豪《いんごう》が主導した寺領確保の動きがあったと考えられる（山本隆志『新田義貞』）。

次に、焼失後（表1③）を見てみよう。ここでは、新田一族に連なる人物として、妙阿《みようあ》（岩松政経の妻）・新田朝兼《ともかね》（朝氏）・新田義貞・村田頼親《むらたよりちか》・世良田満義・田島妙西《たじまみようさい》・鳥山成経の七名が確認できる。そして、新田一族以外の人物では、佐貫氏秀《さぬきうじひで》・佐貫願阿《がんあ》・佐貫経信《つねのぶ》・梅原時信《うめはらときのぶ》・中条伊賀禅門《いがぜんもん》・那波宗元《なばむねもと》・三善貞広《みよしさだひろ》・高山重朝《たかやましげとも》・平時雄《ときかつ》の九名が確認できる。彼らもまた、名字ないし寄進所領の所在地から、いずれも新田荘周辺＝東上野・北武蔵地域に所領を持っていた武士たちと判断される。

前述したように、一三世紀後半以降、長楽寺は世良田宿を門前町として支配し、結びつきを強めた。これにより長楽寺は、世良田宿を日常的な活動の場とする人びとと全体にとっての「公共的な寺院」になったと理解できよう。すると、長楽寺に対し、新田一族およびその新田荘周辺地域の武士たちが広く所領を寄進したという事実は、彼らも世良田宿ないしその周辺に活動拠点を持ち、世良田宿を日常的な活動の場にしていたことを表していると考えられよう。実際、上記の武士のうち、新田本宗家・金津氏・中条氏は、世良田宿の周辺に活動拠点（居館）を持っていたことが確認できる。

まず、前節で述べたが、世良田宿に隣接する総持寺は義重の居館跡の伝承を持っており、新田本宗家に相伝された居館と考えられる。次に、「雌伏の時代」の章で述べたように、平賀一族の金津輔村は、今井郷（世良田郷に接する中今井郷カ）に「今井堀内御堂地」を持っていた（「長」四九号）。そして、北武蔵の中条保《ちゅうじょうのほう》（埼玉県熊谷市）を本領とした中条氏の一族と見られる中条伊賀禅門は、同じく今井郷に田地を所有していたことが確認できる（「長」一〇八号）。このことから、中条氏も今井郷に所領を形成し、そこに活動拠点を構えていたと推測される。

また、新田荘西隣の淵名荘の政所（荘園現地の支配機関）を管理していた黒沼太郎入道は、長楽寺住持の院豪から、長楽寺の敷地内に「庵室所《あぜちどころ》」を与えられたことが確認できる（「長」一〇五号）。この庵室所は、世良田宿に接した長楽寺南大門の北脇にあったが、「二戸主半《ふたへぬしはん》」という都市的な面積表示をされていることから、世良田宿の一角に所在したと見られる。したがって、黒沼氏も世良田宿に活動拠点を構え、そこを日常的な活動の場としていたことが知られる。

このように、長楽寺に対する武士たちの所領寄進の様相を検討してみると、世良田宿とその周辺には、上野東部および武蔵北部の武士たちが活動拠点を構え、世良田宿を日常的な活動の場にしていた様子が浮かび上がってくるのである。このことから世良田宿は、新田氏によって排他的に掌握された場（空間）ではなく、新田氏をはじめとする上野東部および武蔵北部の武士たちが集う、「共生の場」になっていたと理解できよう。こうした世良田宿の空間的特質は、世良田宿が新田荘周辺地域における拠点的な町場であったことと対応しているといえる。

そして、ここでも注目されるのが、世良田宿に集った武士の範囲は、新田氏の軍事的テリトリーとほぼ重なるという事実である。すると、新田氏は、世良田宿の掌握を志向することで、そこに集う武士たちに対する求心力を確保できたと考えられよう。それでは、それは、具体的にどのようにして行われたのだろうか。

長楽寺再建事業と新田氏

そこで注目されるのが、焼失を原因とする長楽寺の再建事業である。長楽寺再建事業は、世良田宿の有徳人と目される大谷道海《おおやどうかい》なる人物の手によって進められた。道海は、長楽寺そのものの再建だけでなく、その経済基盤を拡張するべく、新田荘周辺地域の武士たちから所領を買い取り、それを長楽寺へ寄進して寺領とした。表1③は、その様相を示している。

これを見ると、新田本宗家の朝兼（朝氏）・義貞父子が、他を数量的に圧倒する所領量を売却（寄進）した点が注目される。この事実は、新田本宗家が長楽寺の再建事業に積極的に参加したことを表していると考えられる。そして、その売却（寄進）所領量は、他の追随《ついずい》を許さない程だったことから、そこには何かしらの政治的意図があったはずである。おそらく本宗家は、再建事業に積極的に参加して所領を大量に売却（寄進）して、長楽寺の寺領を多く提供することで、再建後の長楽寺の外護者になることを目論み、それによって長楽寺が支配する世良田宿を間接的に掌握しようとしたのではないか。世良田宿は、新田氏の軍事的テリトリー内で活動する武士たちの結節点となる場だったことから、新田氏（本宗家）は再建事業への参加を通して世良田宿を掌握することで、彼らに対する求心力を確保しようとしたと考えられるのである。

『太平記』は、幕府が世良田宿に戦費を賦課《ふか》した際、その取り立てに来た使者を義貞が捕縛《ほばく》したことを伝えている（巻第一〇「新田義貞謀叛事付天狗越後勢を催す事」）。このように世良田宿で検断《けんだん》（警察）権を行使する義貞の姿は、本宗家が再建事業に多大な貢献を果たした結果、長楽寺の外護者となって世良田宿を掌握した事実を表していると考えられる。

ところで、かつての研究では、本宗家が大量の所領を売却した事実から、鎌倉末期における その貧窮《ひんきゅう》化が指摘され、新田氏の没落ぶりが強調された。しかし、本宗家が所領を売却した売券《ばいけん》の文面を見ると、①売却後、所領に臨時の公事が賦課された場合、売り主（本宗家）が負担する、②第三者による妨害が起きた場合、売り主はほかの所領から損害分の収益を補塡《ほてん》する、という取り決めがなされたことがわかる（「長」八七号など）。一見すると、売り主に不利な売買契約に見えるが、①については、売却所領に対する売り主の領主としての義務（権利）が留保されたことを示すと理解できる。また、②についても、売り主に経済的余力があることを示すと理解できる（天神山石材の供給により、新田氏は豊富な財源を形成したと見られることを想起したい）。つまり、売券の文面からは、この所領売買が決して売り主に不利な内容だったわけではなく、さらに売り主が貧窮化していたわけでもないことが読み取れるのである。したがって、本宗家が大量の所領を売却したという行為自体から、ストレートにその貧窮化・没落を想定する見解は、短絡的といえよう。

新田氏は、上野中央部・東部および武蔵北部一帯に軍事的テリトリーを築いたが、それは多様な武士たちとの共生関係を内包していた。そのため新田氏は、天神山石材の供給のほかに、長楽寺再建事業へ積極的に参加して、彼らの結節点の場となった世良田宿を掌握することで、共生関係を築く武士たちに対する求心力を確保し、軍事的テリトリーの安定化を図ったのである。

「武家の棟梁」新田氏の誕生

新田氏の自立

突発的な挙兵？

それでは、話しを鎌倉末期の政治史へ戻し、足利氏に従属する形でその一門に包摂されたはずの新田氏が、なぜ南北朝期には足利氏とならぶ「武家の棟梁」と認識されるようになったのか、これを可能にした現実的契機について、義貞の動向を軸に考えていくことにしたい。正慶二年（元弘三年・一三三三）五月、鎌倉幕府の使者が新田荘世良田宿に乗り込んできたところから再開する。

この事件は、前章「地域権力としての姿」で部分的に取り上げたが、新田義貞挙兵の直接的原因となった事件として著名である。『太平記』には、次のように見える。

相模入道《さがみにゅうどう》、舎弟の四郎左近大夫入道《さこんだいぶにゅうどう》に十万余騎を差副《さしそえ》て京都へ上せ、畿内・西国の乱を静《しず》むべしとて、武蔵・上野・安房・上総・常陸・下野六箇国《ろっかこく》の勢をぞ催されける。

其《その》兵粮《ひょうろう》の為《ため》にとて、近国の庄園に、臨時の天役を懸《か》けられける。中にも新田庄世良田には、有徳の者多しとて、出雲介親連《いずものすけちかつら》・黒沼彦四郎入道《くろぬまひこしろうにゅうどう》を使《つかい》にて、「六万貫を五日中に沙汰すべし。」と、堅く下知《げち》せられければ、使先彼所《まずかのところ》に莅《のぞん》で、大勢を庄家《しょうけ》に放入《はなちいれ》て、譴責《けんせき》する事法に過《すぎ》たり。新田義貞是《これ》を聞給《ききたまい》て、「我館《わがたち》の辺を、雑人《ぞうにん》の馬蹄《ばてい》に懸《かけ》させつる事こそ返々《かえすがえす》も無念なれ、争《いかで》か見ながら怺《こら》うべし。」とて数多《あまた》の人勢を差向《さしむけ》られて、両使を忽《たちまち》生取《いけとり》て、出雲介をば誡《いましめ》置き、黒沼入道をば頸《くび》を切て、同日の暮程に世良田の里中にぞ懸けられたる。

（巻第一〇「新田義貞謀叛事付天狗越後勢を催す事」）

前年の一一月、楠木正成《くすのきまさしげ》が河内国《かわちのくに》の赤坂《あかさか》・千早城《ちはやじょう》（大阪府千早赤阪村）において反幕府の兵を挙げた。これに呼応し、当時、討幕の挙兵（元弘の変）に失敗して隠岐《おき》に流されていた後醍醐天皇に代わり、その皇子の護良《もりよし》親王が諸国の武士に挙兵を呼びかけ、大和国《やまとのくに》の吉野《よしの》（奈良県吉野町）で挙兵した。これにより畿内は、幕府軍と反幕府勢力とによる戦争状態へ突入した。幕府は、西国御家人と京都大番役で在京中の東国御家人を動員し、正月から鎮圧に乗り出した。義貞率いる「新田一族」も、「大番衆《おおばんしゅう》」の一員として「大和《やまと》道《みち》」から千早城を攻める幕府軍に加わっていた（「楠木合戦注文《くすのきかっせんちゅうもん》」、『新編高崎市史　資料編4』所収）。しかし、幕府軍は苦戦したため、幕府は改めて東国から軍勢を派遣するこ

図38　黒沼彦四郎入道梟首遺跡（群馬県太田市世良田町、二体地蔵塚）

とに決し、そのための兵粮（戦費）を関東近国の荘園に賦課したのである。

　右の『太平記』によると、このとき新田荘の世良田宿には、六万貫が賦課されたため、出雲介親連と黒沼彦四郎入道が徴税使《ちょうぜいし》となり、世良田宿に乗り込んで来たという。しかし、そのあまりに行きすぎた取り立てに激怒した義貞が、親連を捕縛し、黒沼を斬首に処したのだった。これにより、義貞は、幕府から追討を受ける立場になったため、挙兵という乾坤一擲《けんこんいってき》の大勝負に出ることになったのである。

　この『太平記』の記事だけを見ると、義貞は、幕府の徴税使を捕縛・殺害したために、やむを得ず挙兵したという印象を受ける。しかし、『太平記』はその一方で、義貞は千早城攻めに加わっていた時点で幕府の行く末を見限り、護良親王に接触して討幕の令旨

（『太平記』には綸旨〈天皇が発給する文書〉として発給されたと見える）を得ると、仮病を使って帰国したとも伝えている（巻第七「新田義貞綸旨を賜う事」）。つまり、義貞は、この徴税使の一件が起きる前に、すでに討幕の意志を固めていたことになるのである。令旨を受け取ったのは三月一一日というから、徴税使の一件のおよそ二ヵ月前のことになる。

ところが、令旨を受け取って以降、義貞が討幕に向けて具体的な行動を起こしたことを物語る史料は存在しない。この事実を重視すると、令旨を受け取ったものの、実際のところ義貞には、主体的な討幕の意志はなかったことになる。『太平記』には、徴税使の一件で追い込まれた義貞が、突発的に挙兵したように描かれているが、これはそうした事実を反映しているとも理解できよう。

しかしながら、一族の存亡を左右する挙兵という一大事を、討幕の意志も持たずに、果たして突発的に行えるのだろうか。『太平記』には、一見、追い込まれた義貞が突発的に挙兵したように描かれているが、実際には討幕の意志を持ち、一定の計画性にもとづいて挙兵したと見る方が自然ではなかろうか。

義貞挙兵の真相

この真相を探るうえで、義貞のもとに集結した軍勢の構成は、興味深い材料を提供してくれる。

『太平記』によると、五月八日に新田荘内の生品神社で挙兵した義貞のもとには、舎弟の脇屋義助《よしすけ》・大館氏《おおだちし》・堀口氏《ほりぐちし》といった本宗家系の人びとのほか、岩松経家《つねいえ》・里見義胤《よしたね》・江《え》田光義《だみつよし》（行義《ゆきよし》カ）・桃井尚義《もものいなおよし》が集まった（巻第一〇「新田義貞謀叛事付天狗越後勢を催す事」）。

このなかで注目されるのが、岩松経家である。というのも、経家のもとには、当時、畿内に出陣していた足利尊氏（この時点では「高氏」と表記すべきだが、煩雑になるので「尊氏」で統一する）から庶家の田島氏を介して「内状《ないじょう》」（尊氏の指示を伝える機密文書カ）が届けられており、さらに四月二二日付けの北条高時追討を命じる「御内書《ごないしょ》」も届けられていたからである（「正」五七・五九号）。つまり経家は、尊氏の指示を受けて義貞の挙兵に加わったことが知られるのだが、足利本宗家に従属していた当時の義貞の立場に鑑みると、義貞のもとにも尊氏から高時追討の命令が届けられていた可能性が高いと判断される。すると、義貞の挙兵とは、北条氏を見限った尊氏の討幕計画にもとづいて起こされた行動だったと理解できよう。義貞は、尊氏の命令（計画）に従い討幕の意志を持って挙兵したが、それは決して主体的な行動ではなかったと見られるのである。南北朝期に成立した『保《ほう》暦間記《りゃくかんき》』（『群書類従　第二六輯』所収）という歴史書には、「尊氏が息男（義詮）あり。共《ともに》合戦を致すべき由を尊氏催促す。則《すなわち》義貞彼命《かのめい》を受て、武蔵・上野・相模等の勢を催して鎌倉へ馳上《はせのぼり》て、高時の一族等を責《せむ》」と見えるが、これは事実を伝えていると思われる。

義貞の挙兵から四日後の五月一二日、尊氏の嫡子の義詮が世良田で挙兵した（康永元年〈一三四二〉八月一五日付鹿島利氏申状写）。『太平記』には、義詮は五月二日の夜半に鎌倉を脱出したと見える（巻第一〇「千寿王殿大蔵谷《せんじゅおうどのおおくらのやつ》を落ちらるる事」）。義詮は、鎌倉を脱出すると世良田へ逃れ、そこで匿《かくま》われていたようである。義詮が世良田に逃れた背景には、足利本宗家の家人紀政綱《きのまさつな》と新田本宗家の家人船田氏《ふなだし》との同族ネットワーク（船田氏も紀姓《きせい》だった）が存在し、政綱が船田氏と連携して義詮を世良田に匿ったと想定する見解がある（峰岸純夫『新田義貞』）。興味深い見解だが、「雌伏の時代」の章で見たように、文永九年（一二七二）の二月騒動を機に、世良田氏も足利本宗家の庇護下に入ったことを想起すると、世良田氏（満義）が義詮を世良田へ誘い、匿った可能性も想定できよう。

　義詮の脱出は、尊氏の討幕計画のなかに含まれていたはずであるから、世良田氏のもとへ逃れることは尊氏の指示だったと推測できる。すると、世良田氏のもとにも尊氏の指示が届けられていた可能性を想定でき、世良田氏はそれに従って義詮を匿ったと考えられるのである。推測の域を出ないが、世良田氏は義貞の挙兵に参加せず、義詮の挙兵に従った事実に鑑みると、あながち無理な想定ではないように思われる。

　新田本宗家・岩松氏・世良田氏は、いずれも尊氏の指示を受け、その討幕計画にもとづいて挙兵したと見られる。当時、新田本宗家と世良田氏は足利本宗家に従属する立場にあったこと、そして岩松氏は足利義純の系譜を引く家柄だったことを想起すると、決して不思議な事態ではないことが理解できよう。義貞挙兵の真相は、当時の新田本宗家の置かれていた立場に即して理解することが肝要と考えるのである。

「足利軍」集結

さて、新田荘を出陣した義貞軍は、東道《あずまみち》（古代東山道国府ルート）を西に向かい八幡荘に入ると、ここで挙兵を聞きつけた越後国の新田一族（里見氏系の人びと）や甲斐・信濃の武士たちと合流した。「新田氏の成立」の章で見たように、八幡荘はもともとの新田氏の本領であり、義貞が挙兵後ここに入ったことから、新田本宗家に相伝された所領だったことがわかる。当時の上野国の守護は、得宗の北条高時だった。義貞が八幡荘で軍勢を集結させたのは、そこが上野国府近傍にあるため、国府を押さえる北条氏勢力に軍事的圧力を加えるためだったと見られる。

八幡荘において、上野・越後・甲斐・信濃の武士の結集を得た義貞は、翌九日、八幡荘から碓氷川《うすいがわ》・神流川《かんながわ》を越えて鎌倉街道上道に入り、一路鎌倉を目指して南下した。義貞挙兵の情報に接した幕府は、これを迎え撃つべく武蔵国に軍勢を派遣し、両軍は一一日に小《こ》手指原《てさしはら》（埼玉県所沢市）で激突した。翌一二日、義貞軍は久米川《くめがわ》（東京都東村山市）に退いていた幕府軍を襲い、これを破ると、武蔵国府へ押し寄せた。

ちなみに、『太平記』には、九日に義詮の率いる軍勢が義貞軍と合流したという記事が

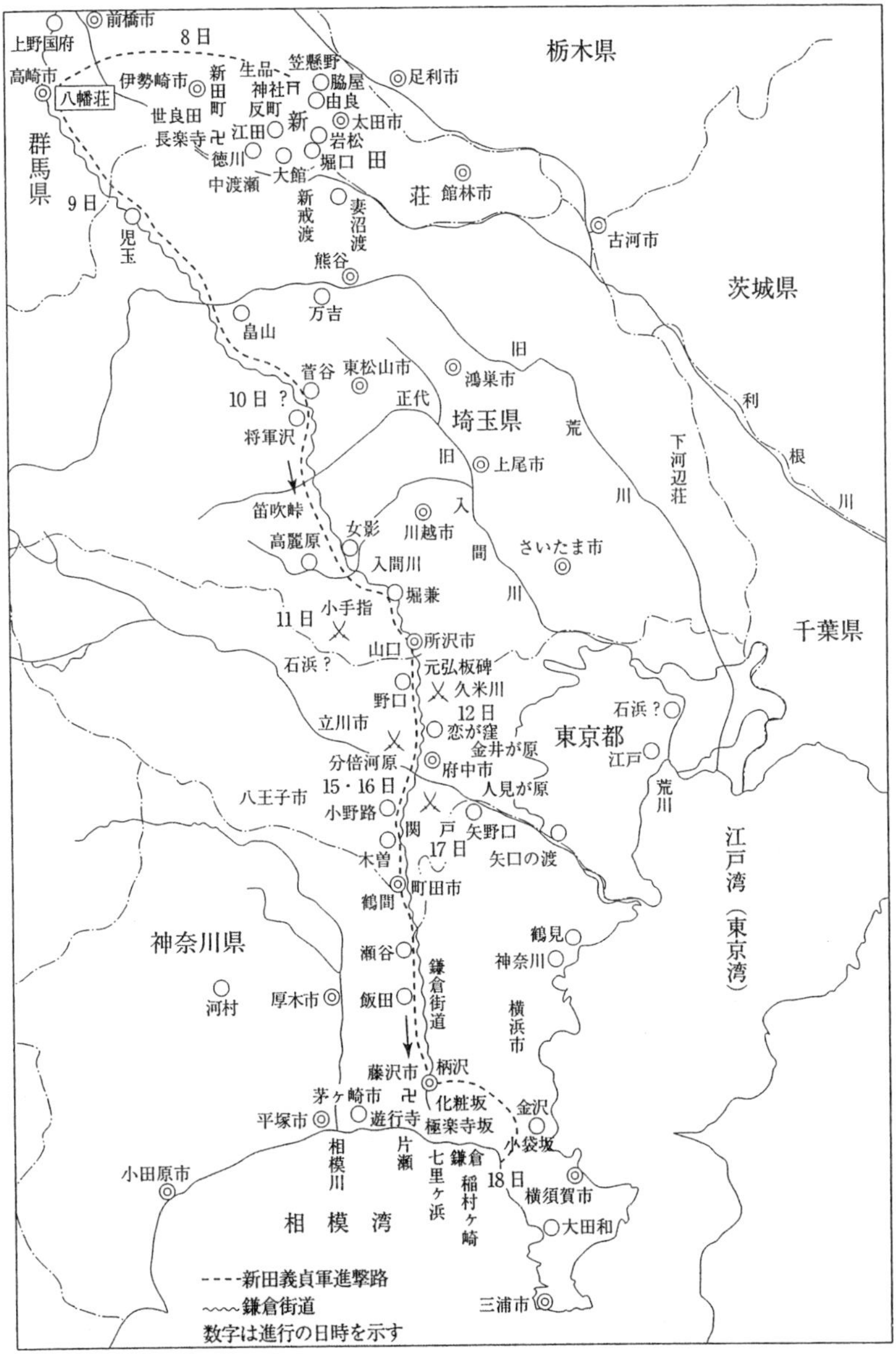

図39　新田義貞鎌倉攻めの進路（峰岸純夫『新田義貞』58頁より）

見える（巻第一〇「新田義貞謀叛事付天狗越後勢を催す事」）。しかし、前に見たように、確実な史料によると義詮の挙兵は一二日であるので、この『太平記』の記事は採用できない。

一五日、義貞軍と幕府軍は、武蔵国府近傍の分倍河原《ぶばいがわら》（東京都府中市）で激戦におよんだ。ここで義貞軍は敗れ、堀兼《ほりかね》（埼玉県狭山市）まで退却したものの、三浦大多和義勝《みうらおおたわよしかつ》が相模の武士たちを率いて合流し、息を吹き返した。義勝は、足利本宗家の家人高氏《こうし》から三浦大多和氏に養子に入った人物との見解があるが（峰岸純夫『新田義貞』）、これが事実と認められれば、尊氏の命令に応じて義貞軍に加わったと見られる。新手《あらて》の援軍を得た義貞軍は、翌一六日に再び分倍河原で幕府軍と戦ってこれを破ると、一気に鎌倉へ進撃した。

武蔵国で繰り広げられた義貞軍と幕府軍の合戦に、義詮の軍勢の姿は確認できない。史料上、世良田出陣後の義詮軍の動向は、鎌倉での合戦まで確認できないのである（〈建武元年月日未詳〉大塚員成言上状《おおつかかずしげごんじょうじょう》）。このことから、義詮軍は義貞軍が武蔵国で幕府軍を撃破したのを見届けて、義貞軍と合流したと見られる。両軍の合流は、一八日から始まった鎌倉攻防戦の直前でのことだったのである。

義貞軍と義詮軍の合流により、「新田・足利連合軍」が形成されたとの見方がある（峰岸純夫『新田義貞』）。しかし、当時の新田氏は足利一門に包摂されていたことを想起すると、義貞軍も義詮軍もともに「足利軍」と見た方が妥当と考えられる。むろん義詮軍が本隊で、義貞軍は別働隊である。本隊の義詮軍は、別働隊の義貞軍が「危険」を取り除いて勝利を確実にした段階で、前線に出てきたのである。両軍の合流により、関東の足利軍全軍が集結した。

鎌倉での義貞

足利軍の総大将は義詮である。しかし、当時の義詮は四歳であり、全軍の指揮を執ることは不可能だった。そこで義貞が、これに代わることになった。

義貞は全軍を三手にわけ、極楽寺坂《ごくらくじざか》・小袋坂《こぶくろざか》・化粧坂《けわいざか》の三方から鎌倉に攻め寄せた。このうち、足利軍は極楽寺坂方面の戦闘で苦戦したが、二一日、応援に駆けつけた義貞の軍勢が稲村ヶ崎《いなむらがさき》の突破に成功し、人家を焼き払いながら鎌倉市中に侵攻した。すると、翌二二日、進退きわまった高時以下の北条氏一門と家人八七〇人余は、菩提寺《ぼだいじ》の東勝寺《とうしょうじ》で自害した。義貞の挙兵からわずか二週間で、鎌倉幕府は滅亡したのである。

幕府の滅亡により、足利軍が鎌倉に進駐した。足利軍に加わっていた武士たちは、後日の恩賞申請に備えて、自らの軍功を記した軍忠状《ぐんちゅうじょう》や参陣した旨を記した着到状《ちゃくとうじょう》を作成し、合戦の指揮者に提出して証判《しょうはん》（花押《かおう》）を求めた。新田氏（義貞・大館氏・岩松氏・里見氏）が証判を加えた軍忠状・着到状は、現在のところ一二点確認できるが（表2参照）、新田氏が鎌倉に滞在していたことが確実な六月中までに限って見ると、そのほとんどが義

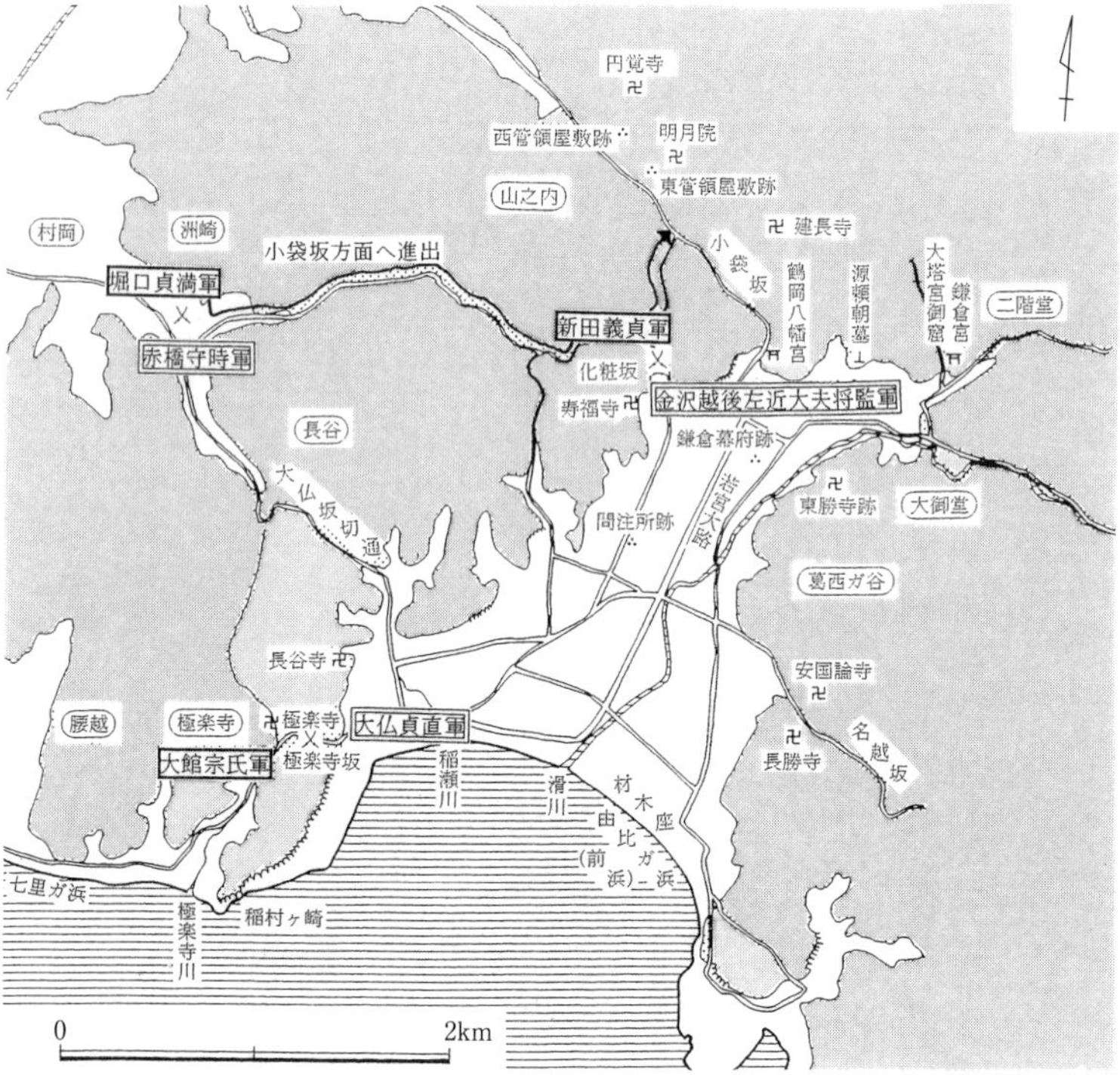

図40　鎌倉合戦略図（『太田市史通史編　中世』325頁より、一部加筆）

表2　元弘3年新田氏証判着到状・軍忠状一覧

No.	証判月日	提出者	証判者	文書形式	出典
1	6月7日	市河経助	新田義貞	着到状	市河文書(556号)
2	同上	市河助房代助泰	新田義貞	着到状	同上(557号)
3	6月14日	税所久幹・幹国	新田義貞	着到状	税所文書(559号)
4	同上	市村王石丸代後藤信明	新田義貞	軍忠状	由良文書(560号)
5	6月日	塙政茂	新田義貞	軍忠状	塙文書(561号)
6	同上	大塚員成	大館幸氏カ	軍忠状	大塚文書(562号)
7	8月日	熊谷虎一丸	岩松経政カ	軍忠状	熊谷文書(568号)
8	同上	布施資平	岩松経家カ	着到状	有浦文書(569号)
9	10月日	石川義光	大館氏明	軍忠状	石川文書(572号)
10	同上	大河戸隆行代岩瀬妙泉	大館氏明	軍忠状	朴澤文書
11	12月日	天野経顕	大館氏明	軍忠状	天野文書(583号)
12	欠	三木俊連	里見氏義カ	軍忠状	和田文書(584号)

(註)出典の号数は『群馬県史　資料編6』のもの。No.10は『南北朝遺文東北編』20号として所収されている。

貞の証判であることがわかる。この事実からも、義貞は麾下の武士たちから、実質的な足利軍の指揮者と認識されていたことがうかがえよう。

しかし、その一方で足利軍に加わった武士たちは、鎌倉占領後まもなくして、義詮の鎌倉の陣所である「二階堂御所《にかいどうごしょ》」の警固に従事し始めたことが確認できる（〈建武元年月日未詳〉大塚員成申状案断簡）。さらに彼らのなかには、義貞から証判をもらった後、当時、六波羅探題を滅ぼして京都にいた尊氏にも着到状を提出して、その証判を獲得した者もいた（元弘三年六月七日付市河経助《いちかわつねすけ》着到状、同年六月二九日付市河助《すけ》房《ふさ》・経助連署着到状）。つまり、足利軍に加わった武士たちは、義貞を足利軍の指揮者と認知したものの、尊氏と義詮が義貞の上位にいるとの認識を捨てることはなく、鎌倉幕府体制下で築かれた足利氏の権威に服したのである。

ところで、義貞と尊氏の双方から証判を得た武士が確認できる事実をもって、鎌倉攻略直後から新田氏と足利氏による武士の統轄《とうかつ》の主導権争いが始まったと見る向きもあるが、当時の両者の関係に鑑みると首肯できない。義貞は、足利氏と対等に争える立場にはなかったはずである。実際、鎌倉において、新田・足利両氏の確執・紛争が起きたことを伝える一次史料は存在しない。従来、これを補足する史料として注目されてきたのが、次の軍記物語『梅松論《ばいしょうろん》』（『群書類従　第二〇輯』所収）の記述である。

かくて若君《わかぎみ》を輔佐《ほさ》し奉《たてまつ》るといえども、鎌倉中連日空騒《からさわぎ》して世上《せじょう》穏《おだや》かならざる間、和氏《かずうじ》・頼春《よりはる》・師氏《もろうじ》兄弟三人、義貞の宿所に向《むかい》て事の子細を問尋《といたずね》て、勝負を決せんとせられけるに依《より》て、義貞野心を存《ぞん》ぜざるよし起請文《きしょうもん》を以《もつ》て陳《ちん》じ申されし間、せいひつす。

鎌倉中で連日空騒ぎが起き、不穏な事態になったため、義詮を補佐する細川和氏・頼春・師氏の三兄弟が義貞を尋問《じんもん》し、義貞から野心がない旨の起請文を取ったという。しかし、この記述を読む限り、「連日空騒」が義貞といかに関係するのか、はっきりしない。ここからわかるのは、足利氏側が「連日空騒」と義貞との関係を疑い、それを尋問したことだけであり、新田・足利両氏の確執を読み取るのは難しいと思われる。おそらく、義貞が足利軍の指揮者と認知されたがゆえに、そこに加わった武士たちが勝手に新田方・足利方を標榜《ひょうぼう》して争いを始めたまでであり、義貞自身は何ら関与していなかったと見られる。

義貞には、鎌倉において足利氏と争う気は毛頭なく、むしろ尊氏からの連絡を待っていたのではないか。なぜならば、六波羅探題を滅ぼした尊氏は、義詮を支援するべく、すぐに細川三兄弟を鎌倉へ派遣したのに対し、鎌倉滞在中の義貞の戦後処理に関する動きは、史料上いっさい確認できないからである。従来、この事実から義貞の無能・無謀さが指摘されてきたが、これはむしろ鎌倉攻略後も、義貞が尊氏の指揮下で行動していたことを暗示しているように思われるのである。

建武政権下の義貞と尊氏

足利氏から、義貞には野心があるとの疑惑の目を向けられたためだろうか、鎌倉攻略後二ヵ月余り経った八月初旬、岩松氏を除く新田一族は鎌倉を去り、上京した。

八月五日、論功行賞《ろんこうこうしょう》において義貞は、おそらく従五位下で上野・越後・播磨《はりま》三ヵ国の国司（上野介・越後守・播磨守）に任官し、かつ洛中《らくちゅう》およびその近辺の警固を担当した武《む》者所《しゃどころ》を統轄する地位に就いた。翌建武元年（一三三四）二月一三日には、従四位上《じゅうしいのじょう》に昇進した（『異本元弘日記《いほんげんこうにっき》』）。それまで無位無官だった義貞は、従四位上という位階を得て一躍貴族に列し、さらに三ヵ国の国司にまでなったのである。新田氏歴代のなかでの最高位階は、義重の従五位下であり、国司に任官した者はいなかった。この事実に鑑みても、義貞は、建武政権から討幕の功績を充分に認められたことがわかる。

しかしながら、討幕の最大の功績者と認められたのは、やはり尊氏だった。八月五日に従三位《じゅさんみ》・武蔵国の国司（武蔵守）に任じられた尊氏は、翌年正月五日に正三位に昇進し、左兵衛督《さひょうえのかみ》・鎮守府将軍《ちんじゅふしょうぐん》を兼ねた（『足利家官位記《あしかがけかんいき》』、『群書類従　第四輯』所収）。尊氏は、武家のなかで唯一の公卿となり、武家の第一人者としての地位を認められたのだった。

そして、この地位にふさわしく、尊氏は建武政権の軍事部門の責任者として、後醍醐天皇を補佐する立場にあった（吉原弘道「建武政権における足利尊氏の立場」、山本隆志『新田義貞』）。

すなわち、建武元年九月一〇日、後醍醐は島津貞久《しまづさだひさ》に「日向《ひゅうが》・薩摩《さつま》両国」の警固を命じる綸旨を発給したが（〈建武元年〉九月一〇日付後醍醐天皇綸旨、『南北朝遺文九州編』一二四号）、尊氏はその二日後、同人に対しこの綸旨を伝達する文書を発給しているのである（同年九月一二日付足利尊氏施行状《しぎょうじょう》、『同』一二六号）。また、同年九月、後醍醐が石清水八《いわしみずはち》幡宮《まんぐう》と賀茂社《かもしゃ》に行幸《ぎょうこう》した際、前者では「足利左兵衛督尊氏の随兵幷《なら》びに正成（楠木）・長年（名和）以下の武士」が警固を担当しており（『護国寺供養記《ごこくじくようき》』建武元年九月二一日条、『大日本史料　第六編之二』所収)、尊氏が警固役の中心的存在だったことがわかる。一方、後者では、尊氏が武田・佐々木《ささき》・千葉・小笠原《おがさわら》・宇都宮《うつのみや》・上杉・島津・小早川《こばやかわ》・山名らの有力武士を統率して、天皇を警固した〈建武元年九月二七日〉足利尊氏随兵《ずいひょうし》次第写《だいうつし》、『南北朝遺文関東編』一五一・一五二号)。天皇の親衛隊ともいうべき武者所を差し置いて、尊氏が行幸の警固を務めたこれらの事実は、尊氏が建武政権の軍事部門の責任者として天皇を補佐する立場にあったことを象徴的に示していよう。

このように尊氏は、建武政権の軍事部門の責任者として天皇を補佐する立場にあったと見られる。すると、洛中とその近辺の警固を担当した武者所は、むろん天皇の直接指揮下に置かれた機関だったが、尊氏の関与＝支配を受ける機関でもあったと考えられよう。したがって、武者所を統轄する地位にあった義貞は、尊氏とは建武中央政府の官制上において、所管《しょかん》—被管《ひかん》関係にあったと理解できるのである。ここには、鎌倉期以来の新田本宗家と足利本宗家との関係が反映されていると見ることもできるだろう。

宣戦布告

建武二年(一三三五)七月、北条高時の遺児時行《ときゆき》が信濃国で挙兵し、鎌倉を攻め落とした(中先代《なかせんだい》の乱《らん》)。当時、鎌倉には、関東統治を担う鎌倉将軍府《かまくらしょうぐんふ》という機関が置かれており、後醍醐の皇子成良《なりよし》親王を奉じた足利直義(尊氏の弟)がこれを率いていた。直義は、時行を迎撃すべく軍勢を派遣したが敗れ、三河国へ逃れたのだった。この敗戦のなかで、鎌倉将軍府に参画していた岩松氏は、経家を含む兄弟三人が討ち死にするという損害を出した。

直義から救援依頼を受けた尊氏は、八月二日、勅許《ちょっきょ》を待たずに出陣し、一九日には鎌倉の回復に成功した。後醍醐は、尊氏の功績を賞して従二位《じゅうにい》の位階を授け、帰京を命じた。しかし、尊氏は、帰京に反対する直義の意見を容れてこれに応じず、鎌倉若宮小路《わかみやこうじ》の将軍家御所旧跡に自らの御所を構えた（『梅松論』）。さらに尊氏は、時行追討の恩賞として、独自の裁量で麾下の武士に対し所領を給付した。尊氏の幕府再興の意志は、明らかだった。

『太平記』によると、尊氏は義貞討伐の奏状《そうじょう》を朝廷に提出し、義貞を批難した。これを受けて義貞も、尊氏・直義の行状を批難し、両者の討伐を求める奏状を提出した（巻第一四「新田足利確執奏状の事」）。この批難合戦の真偽は不明だが、尊氏・直義側が義貞の討伐を前面に押し出して、建武政権との対決に踏み切ったのは事実である。

新田右衛門佐《うえもんのすけ》義貞を誅伐《ちゅうばつ》せらるべきなり、一族を相催《あいもよお》し、馳《は》せ参《まい》るべきの状件《くだん》のごとし、

建武二年十一月二日　左馬頭（花押影）（足利直義）

那須下野太郎（資宿）殿

直義が、下野国の武士である那須資宿《なすすけすく》に義貞討伐を命じた文書である（建武二年一一月二日付足利直義軍勢催促状写《ぐんぜいさいそくじょううつし》）。同文の文書は、ほかにも確認できる。これらの文書に明らかなように、足利氏はあくまでも義貞の討伐を目的に掲げて、挙兵したのである。これはむろん、天皇である後醍醐との直接的な対決を避けようとする意図にもとづく行動である。しかし、ここで注目すべきは、建武政権には楠木正成や名和長年《なわながとし》といった有力武士がほかにも居ならぶなかで、足利氏のターゲットが義貞ただ一人に絞られた点である。というのも、このことは、足利氏が自身の政権樹立の正当化を図るための打倒すべき相手として、義貞を選んだことを示しているからである。

それでは、なぜ足利氏は義貞を選んだのか。それはおそらく、鎌倉攻めにおいて義貞が関東の足利軍を実質的に指揮し、鎌倉を陥落させたことで、軍事指揮者としての技量を武士たちから認知され、さらに朝廷も鎌倉陥落の功績を高く評価したことで、武家社会における義貞の声望が飛躍的に高まったためと考えられる。もともと、尊氏の命令（計画）に従って鎌倉を陥落させたまでの義貞だったが、皮肉にもこの実績が、義貞を尊氏のライバルの座に押し上げる結果を招いたのである。

足利氏から討伐の対象として名指しされた義貞だったが、これは取りも直さず、義貞のステータスを引き上げる効果をもたらしたはずである。すなわち、「源氏嫡流」足利氏からライバルとして選ばれた義貞は、これに対抗しうる、もう一方の「源氏嫡流」＝「武家の棟梁」の資格を得たと考えられるのである。『太平記』の構想の素地は、ここに形成されたと指摘できよう。

一一月一九日、尊氏・直義の追討を決した後醍醐は、軍事指揮権の象徴である節刀《せっとう》を義貞に与え、官軍の総大将に抜擢《ばってき》した。出陣に先立ち義貞は、家人の船田入道を二条高倉《にじょうたかくら》の尊氏邸へ派遣し、鬨《とき》の声を三度上げさせた後、合戦の合図となる鏑矢《かぶらや》を射させて中門《ちゅうもん》（外門と寝殿の間にある門）の柱を切り落とさせた（『太平記』巻第一四「節度使《せつどし》下向の事」）。尊氏に対する義貞の「宣戦布告」であり、新田本宗家が足利本宗家からの「自立」を果たした瞬間だった。

越前に描いた夢

尊氏との攻防

足利尊氏・直義の追討軍は、東海道軍と東山道軍の二手にわかれ、新田義貞は東海道軍を率いて東へ向かった。義貞率いる追討軍と足利軍との最初の合戦は、一一月二五日、三河国の矢作《やはぎ》（愛知県岡崎市）で起きた。東海道の矢作川渡河点に立地した矢作には、鎌倉期に三河国守護を務めていた足利氏が守護所《しゅごしょ》を置いた矢《や》作宿《はぎしゅく》が形成されており、足利氏が第一の防衛線と位置づけた場所だった。この合戦は追討軍が勝利し、義貞は足利軍を追撃した。

追討軍と足利軍の合戦は、追討軍の連戦連勝で進み、足利軍は最終防衛線と位置づけた箱根《はこね》山西麓《やませいろく》まで撤退した。よく知られているように、ここまで足利軍を率いていたのは直義であり、「朝敵《ちょうてき》」のレッテルを貼られた尊氏は戦意を喪失《そうしつ》し、鎌倉に籠もって戦場に姿

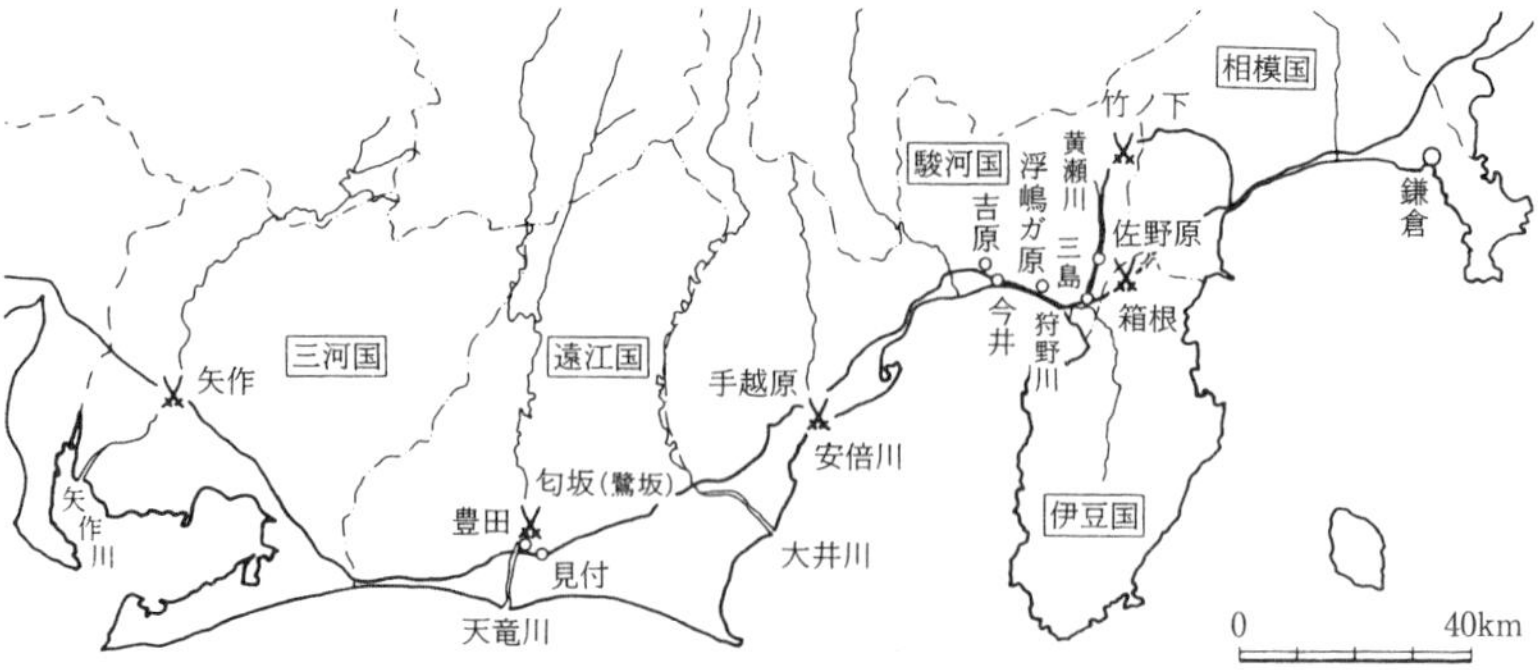

図41　東海道合戦略図（『太田市史通史編　中世』382頁より）

を見せていなかった。一二月八日、鎌倉の目前まで追討軍が迫った状況のなか、尊氏は直義の懸命の説得にようやく応じ、出陣した。直義が箱根峠を越えた水呑《みずのみ》（静岡県三島市）で義貞率いる追討軍を防戦している間、尊氏は足柄峠《あしがらとうげ》から竹下《たけのした》（静岡県小山町）へ進み、脇屋義助率いる追討軍を破って義貞軍の背後に回り、これを打ち破った。

箱根・竹下の合戦により攻守は逆転し、西へ向けて敗走する追討軍を足利軍が追撃した。

一二月下旬、追討軍は京へ戻り、足利軍を迎撃する準備を進めた。『太平記』によると、義貞は敗れて帰京したものの、いぜんとして全軍の指揮者であったらしく、瀬田《せた》（滋賀県大津市）・宇治《うじ》（京都府宇治市）・山《やま》崎《ざき》（大阪府島本町）・大渡《おおわたり》（京都府八幡市付近）に軍勢の配置を行った（巻第一四「将軍御進発大渡・山崎等合戦事」）。義貞は、大渡で淀川を挟んで尊氏と対陣し、建武三年（一三三六）正月九日、合戦におよんだ。しかし、その最中、山崎で味方が敗れたとの情報に接した義貞は、大渡から京へ退却し、後醍醐とともに東坂本《ひがしさかもと》（滋賀県大津市）の日吉社《ひよししゃ》へ逃れた。

一一日、大渡を突破した尊氏は入京を果たしたが、ここで陸奥国から北畠顕家《きたばたけあきいえ》率いる軍勢が大挙して押し寄せた。義貞は、顕家と合流して京へ攻め込み、正月末に尊氏を丹波《たんば》国《くに》へ敗走させた。義貞は、顕家・楠木正成とともに摂津国へ逃れた尊氏を追撃し、二月一一日、豊島河原《てしまがわら》（大阪府箕面市・池田市）で尊氏を再び破り、海路九州へ敗走させた。後醍醐は京へ戻り、建武政権には一時の安息が訪れた。

軍勢催促権の付与

豊島河原での合戦を控えた二月八日、義貞は次の文書を発給している。

尊氏与同《よどう》の凶徒《きょうと》等、摩耶城《まやじょう》に楯籠《たてこ》もると云々《うんぬん》、不日《ふじつ》彼の所に馳《は》せ向《む》かい、軍忠《ぐんちゅう》を致《いた》さるべきの状件のごとし、

建武三年二月八日　　左中将《さちゅうじょう》（花押）（新田義貞）

近江寺衆徒《おうみでらしゅと》中《ちゅう》

義貞が、播磨国《はりまのくに》摩耶城（兵庫県神戸市灘区）に籠もる足利方の赤松円心《あかまつえんしん》を攻めるべく、同国明石郡《あかしぐん》（兵庫県神戸市西区）に所在した近江寺に軍事動員を要請した文書である。こ

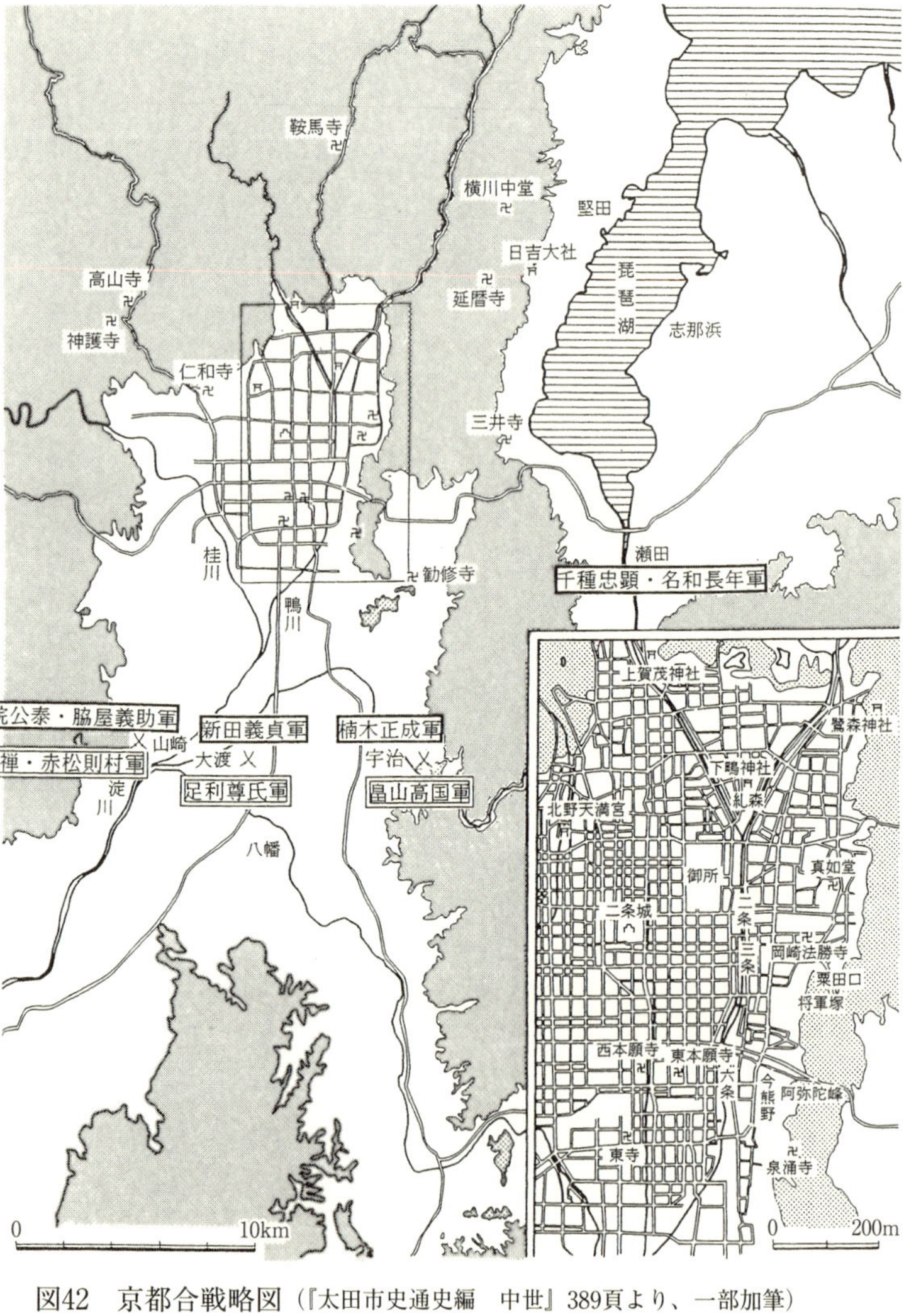

図42　京都合戦略図（『太田市史通史編　中世』389頁より、一部加筆）

図43　新田義貞自筆書下（大阪青山歴史博物館所蔵）

の時期、よく目にする軍勢催促状だが、注目すべきは、これが義貞が発給した軍勢催促状の初見という事実である。以降、この文書を含め、管見の限りでは七点の軍勢催促状が確認できる（表3参照、祈禱《きとう》命令も寺社に対する軍事動員の一形態と考えて含めた）。

　前述したように、義貞は前年一一月から足利軍と戦っていたが、これまで義貞自身が軍勢催促状を発給することはなかった。建武政権では、陸奥《むつ》将軍府《しょうぐんふ》を率いた北畠顕家を除いて、軍勢催促と恩賞給付は一貫して後醍醐の勅裁《ちょくさい》事項として維持されたことが知られている（市沢哲「建武新政の歴史的性格」、亀田俊和「陸奥将軍府恩賞充行制度の研究」）。当初、義貞の軍勢催促状が見られない事実も、このことと関係すると考えられる。

出　典	備　考
近江寺文書(正文)	
吉川家文書(正文)	
大阪青山歴史文学博物館所蔵文書(正文)	祈禱命令、2月29日に延元元年に改元
鞍馬寺文書(正文)	6月25日に綸旨による軍勢催促あり
飯島一郎氏所蔵文書(写)	
白河結城文書(写)	同年月日付の恒良の「綸旨」あり
三浦文書(正文)	

る。No.5の文書は上島有「新田義貞文書を考える」で紹介されており、No.6の文書は

しかし、摂津国へ落ちのびた尊氏を追撃するに際し、義貞は軍勢催促状を発給し始めるのである。これは、この時点で義貞が後醍醐に軍勢催促の権限を認めるように申請し、許可されたことを表しており、義貞が前年末の敗戦から学んだ教訓にもとづいた行動と考えられる。すなわち、義貞は、前年末の追討戦では節刀を与えられたものの、軍勢催促の権限までは与えられなかった。これが、箱根・竹下でのたった一度の敗戦にもかかわらず、追討軍を立て直せず一気に京まで撤退せざるをえなかった要因になったと考え、今度の尊氏の追撃に際しては軍勢催促の権限を認めてもらい、万全を期したのではなかろうか。

摂津国へ出陣するに先立ち、臨時の除目《じもく》が行われ、義貞は左近衛中将《さこのえのちゅうじょう》に任じられた。正月末の戦功に対する恩賞と見られるが、右衛門佐から右衛門督《うえもんのかみ》への昇進も、このときのことかもしれない。武官職の兼任は、軍勢催

表3　新田義貞軍勢催促状一覧

№.	年　月　日	宛　所	署　名
1	建武3年(1336)2月8日	近江寺衆徒	左中将
2	建武3年2月19日	吉川辰熊(実経)	左中将
3	建武3年3月6日	神護寺衆徒	左中将
4	延元元年(1336)6月23日	鞍馬寺衆徒	左中将
5	延元元年6月日	小田宮内少輔(治久)	よし貞
6	延元元年11月12日	結城上野入道(宗広)	右衛門督
7	延元2年(1337)3月14日	南保右衛門蔵人(重貞)	源

(註)№5・6以外の文書はすべて『太田市史史料編　中世』に所収されてい
『南北朝遺文東北編』256号として所収されている。

促の権限を認められた義貞に対する権威づけとしての意味もあったように思われる。

表3№2を見ると、豊島河原合戦に勝利した義貞は、安芸国《あきのくに》の武士の吉川氏《きっかわし》に軍勢催促状を送り、西へ去った尊氏をさらに追撃しようとしたことが確認できる。おそらく、ほかの中国地方の武士たちにも、同様の軍勢催促状が送られたと見られる。義貞は、軍勢催促の権限を活用して、尊氏を仕留めようとしたのである。

しかし、吉川氏は、足利方の軍勢催促に応じた。よく知られているように、尊氏は、九州へ下向する過程で味方となる武士を募るべく、北条氏与党と認定されて建武政権に没収された所領を返付するという、いわゆる元弘《げんこう》没収地返付令《ぼっしゅうちへんぷれい》を発布しており、これを受けて吉川氏は足利方に付いたのだろう。巻き返しを図る尊氏の布石の前に、義貞の軍勢催促の効力はかき消されたのだった。

ところで、表3№3に見える義貞の神護寺《じんごじ》に対する祈禱命令は、気になる文書である（図43参照）。というのも、備考に記したように、建武政権は建武三年二月二九日をもって延元元年と改元したにもかかわらず、義貞は建武三年の年号を用いたからである。

　義貞が改元を知らなかったことは、考えにくい。また、神護寺が建武政権の主将たる義貞に建武三年年号の使用を要請したことも、考えにくい。そこで、改元定《かいげんさだめ》（新年号の選定会議）に出席した中院通冬《なかのいんみちふゆ》という貴族の日記を見てみると、興味深い記事が目にとまる。すなわち、今回の改元をめぐっては、民衆の声を背景に改元を主張する公家と、建武年号に執着する後醍醐との確執があり、最終的に後者が折れて改元が実現したというのである（『中院一品記《なかのいんいっぽんき》』建武三年二月二九日条、『大日本史料　第六編之三』所収）。ここから、この時点の建武政権内部では、後醍醐に対する公家たちの批判が強まっていた様子が読み取れよう。こうした事態を踏まえると、義貞が建武三年年号を使用したのは、後醍醐に改元を迫った公家たちに対する反発と捉えられる。すると、この文書も、建武政権内部の亀裂を伝える証左と位置づけられるだろう。

戦争の「公戦」化

　前述したように、尊氏は、巻き返しを図るための布石を打ちながら九州へ下向した。元弘没収地返付令のほか、光厳院《こうごんいん》の院宣《いんぜん》（上皇の命令）獲得も、その一つだった。

鎌倉後期以来、天皇家は持明院統《じみょういんとう》と大覚寺統《だいかくじとう》との二派に分裂したが、光厳は前者の皇統に属す人物である。かつて、大覚寺統の後醍醐が鎌倉幕府によって隠岐に流されたとき、後醍醐に代わり即位したが、後醍醐の復権に伴って天皇を退き、上皇になっていた。尊氏は、光厳に接触して義貞追討の院宣を獲得し、自身の挙兵の正当性を確保したのである。これ以降、尊氏・直義が発給する軍勢催促状には、「院宣」文言が記載されることになった。一例を掲げよう（建武三年二月一七日付足利尊氏軍勢催促状）。

新田義貞与賞〔党〕人等を誅伐《ちゅうばつ》すべきの由、院宣を下さるる所なり、早く一族を相催《あいもよお》し、赤間関《あかまがせき》に馳《は》せ参《まい》り、軍忠《ぐんちゅう》を致すべし、恩賞においては、殊《こと》なる沙汰有るべきの状件のごとし、

建武三年二月十七日　（足利尊氏）（花押）

安芸木工助《あきもくのすけ》殿（三池貞鑑）

尊氏・直義は、光厳の院宣を受けて義貞を討つことになり、後醍醐の綸旨を受けて尊氏・直義を討つ義貞と同じ立場に立ったことが確認できる。ここで注目されるのが、尊氏・直義の軍勢催促状には必ず「院宣」文言が記載されたわけではなかったが、「院宣」の文言が記載された軍勢催促状には、右に掲げた史料のように、必ず「義貞与党誅伐」の文言が記載された事実である（井上信一「室町幕府初期の軍事指揮に関する御教書の一考察」）。

これにより義貞は、尊氏・直義の私的な追討対象から、持明院統朝廷（北朝）の公的な追討対象へと、立場を変化させたと把握できる。尊氏・直義は、すでに建武政権（南朝）の公的な追討対象になっていたから、義貞と尊氏・直義は、互いに等しく朝敵になったといえる。こうした両者の関係も、『太平記』の構想の素地になったと考えられよう（なお、義貞誅伐の「院宣」文言がある軍勢催促状は、足利氏の軍事的優位が確定した建武三年七月で終了する）。

ここから義貞と尊氏・直義は、互いに朝敵として戦ったため、両者の戦いは「公戦」になったと捉えられる。『太平記』は、新田氏と足利氏の戦いを、「新田・足利の国の争い」と表現している（巻第一六「新田殿湊河合戦事」）。これは、両者の戦いが公戦として展開したことを受けた表現とも理解できよう。

後醍醐の裏切り

尊氏を九州へ敗走させ、建武政権が喜びに沸くなか、『梅松論』は、楠木正成が後醍醐に次のような提案をしたことを伝えている。

「義貞を誅伐《ちゅうばつ》せられて尊氏卿《きょう》を召《めし》かえされて、君臣和睦《わぼく》候《そうら》えかし。御使においては正成仕《つかまつ》らん。」と申上《もうしあげ》たりければ、（中略）、「君の先代を亡《ほろぼ》されしは　併《しかしながら》尊氏卿の忠功《ちゅうこう》なり。義貞関東を落す事は子細なしといえども、天下の諸侍《しょさむらい》悉《ことごとく》以彼将《もってかのしょう》に属す。其《その》証拠は、敗軍《まけいくさ》の武家には元より在京の輩《ともがら》も扈従《こじゅう》して遠行《えんこう》せしめ、君の勝軍《かちいくさ》をば捨奉《すてたてまつ》る。爰《ここ》を以《もつて》徳のなき御事知《おんことしろ》しめさるべし。（中略）。」とて涙を流しければ、実《じつに》遠慮の勇士とぞ覚えし。

正成は、自分が使者になるから、尊氏を呼び戻して講和するように提案したというのである。正成はまた、義貞が「関東」（北条氏）を攻略した功績を認めつつも、今回の「武家」（尊氏）の敗戦にもかかわらず、在京武士の多くが尊氏に従って西走した現実を見て、義貞には「徳」がないことを後醍醐に説いたともいう。

この正成の提案・説得は、『梅松論』にしか見えず、事実と認められるかについては明らかにできない。しかし、尊氏は、「源氏嫡流」という鎌倉幕府体制下で築かれた権威をまとい、建武政権下でも公卿になって武家の第一人者として認められていた事実を踏まえると、在京武士の多くが尊氏に従ったという話しは真実味を帯びており、正成が尊氏と敵対関係を続けることは得策でないと考えてもおかしくない。したがって、正成は、今回の勝利を尊氏との講和の絶好の機会と捉え、これにより政権の安定化を図ろうとしたのではないか。そのためには、足利氏から追討対象として名指しされた義貞を切るしかない。右の『梅松論』の記述は、おそらく事実を伝えていると思われる。

しかし、後醍醐は、遠く西へ去った尊氏を脅威に感じなかったためか、この正成の提案を容れなかった。むしろ後醍醐は、尊氏・直義追討の続行を決し、義貞に九州への出陣を命じたのだった。この時点の後醍醐は、尊氏ではなく、義貞を選んだのである。

三月、義貞は出陣したが、播磨国において、赤松円心が籠もる白旗城《しらはたじょう》（兵庫県上郡町）の攻略に手こずった。この間、九州で態勢の立て直しに成功した尊氏は、円心の救援要請を得て、東上を開始した。義貞は白旗城の攻略に執念《しゅうねん》を見せ、義助らを西へ向かわせた。こうして新田軍と足利軍は、五月一八日、備中国福山《びっちゅうのくにふくやま》（岡山県総社市）で激突し、死闘が再開された。

福山での合戦は足利軍が勝利し、新田軍は備前国三石《びぜんのくにみついし》（岡山県備前市）へ退却した。義助らが敗れたという情報に接した義貞は、白旗城の攻略を断念して摂津国湊川《みなとがわ》（兵庫県神戸市中央区・兵庫区）へ退き、正成・義助らと合流して、足利軍の迎撃に備えた。二五日、名高い湊川合戦が行われ、正成は戦死し、義貞らは京へ敗走した。後醍醐は、延暦寺の武力を頼って再び東坂本へ逃れ、足利軍との攻防の舞台は京とその近郊に移った。

延暦寺に限らず、当時の寺院は強大な武力を保持していたため、建武政権も足利氏も、その動員を働きかけた。表3№4に見えるように、義貞は、京の北部に所在する鞍馬寺《くらまでら》に軍勢催促状を発給したことが確認できるが、ここで注目すべきは、その二日後に、後醍醐も鞍馬寺に対し軍勢催促の綸旨を発給し、堀川光継《ほりかわみつつぐ》の指揮下に入るように命じたことである〈延元元年〉六月二五日付後醍醐天皇綸旨）。この綸旨は、義貞の指揮下に入ることを嫌った鞍馬寺側からの要求にもとづいて発給されたとの見解がある（山本隆志『新田義貞』）。これが妥当だとすると、義貞の軍事指揮権は、後醍醐に否定されたことになる。つまり義貞は、西国の足利氏追討に失敗したことで、建武政権軍の総指揮者の立場から降ろされたことが知られるのである。

七月に入ると、義貞の東国没落が風聞されるようになり（建武三年七月五日付足利尊氏軍勢催促状）、建武政権と足利氏の攻防は、足利氏の優勢のうちに推移した。八月一五日、尊氏・直義の要請により、京の朝廷では光厳の院政が正式に決定され、光厳の命令で弟の豊仁親王《ゆたひと》（光明天皇《こうみよう》）が即位した。尊氏は、自身の政権の正当性を担保する朝廷の再建を果たすと、後醍醐に使者を送り、講和を申し入れた。後醍醐は、この尊氏の申し入れを独断で受け入れ、一〇月一〇日、京へ還幸《かんこう》した。

この後醍醐の行動は、正成の提案が正しかったことを実証するものであり、義貞を見捨てる行為にほかならなかった。『太平記』は、京へ還幸しようとする後醍醐に対し、激怒した一族の堀口貞満《さだみつ》が決死の勢いで抗議する様子を描いている（巻第一七「山門《さんもん》より還幸事」）。これが事実を反映した話しか、ほかの史料から明らかにすることはできない。しかし、前述したように、延元改元の際、義貞は渋る後醍醐に同調して反対したことに鑑みると、義貞はこれまで足利氏の追討に徹してきた後醍醐を信じ、忠実に従う意志を持っていたと見られる。したがって、尊氏との講和は、義貞にとって青天《せいてん》の霹靂《へきれき》であったに違いなく、激怒してもおかしくない。右の『太平記』のエピソードは、こうした義貞の心情を反映したものと思われる。

「北陸王朝」の樹立と崩壊

後醍醐に裏切られた義貞は、「忠臣」であることを辞め、行動に出た。『太平記』には、貞満の抗議を受けて誤りを悟ったと陳弁した後醍醐は、義貞が朝敵になるのを防ぐべく皇太子恒良《つねよし》親王に譲位するので、恒良を伴って越前国《えちぜんのくに》へ向かうように説いたと見える（巻第一七「儲君《ちょくん》を立てて義貞に著《つけ》らるる事付鬼切《おにきり》日吉《ひよし》へ進《しん》ぜらるる事」）。しかし、この時点で尊氏との講和に応じた後醍醐が、義貞に対し、越前国で抗戦を続けるように命じたとは理解しがたいため、このエピソードは事実でないと思われる。おそらく、義貞が後醍醐に対し、京への還幸を認める交換条件として、新天皇恒良のもと越前国で抗戦を続ける意志を示し、認めさせたというのが真相ではなかろうか。ここで義貞は、後醍醐と決別したと考えられるのである。

越前国は、建武政権下において、義貞あるいは義助が国司（越前守《えちぜんのかみ》）を、堀口貞義《さだよし》（貞満の父）が守護を務めており（吉井功兒「建武政権期の足利勢力と新田勢力」）、義貞が足利氏と対峙する拠点を構築するに適した国だった。当初、義貞は国府（福井県武生市）に入ろうとしたようだが、足利方が押さえていたため断念し、敦賀《つるが》の金ヶ崎城《かねがさきじょう》（福井県敦賀

図44　金ヶ崎城跡（福井県敦賀市、金崎宮提供）

市）に入った。「天皇」恒良を擁した義貞は、ここで抗戦活動を開始したが、このことを示す史料が表3№6である。左に掲げよう。

尊氏・直義已下《いげ》　朝敵追討の事、先度仰《おお》せられ了《おわ》んぬ、且《か》つは重ねて　綸旨を遣《つか》わし候《そうらい》了んぬ、去月十日、越前国敦賀津《つるがのつ》に臨幸《りんこう》有る所なり、時剋《じこく》を廻《めぐ》らさず馳《は》せ参《まい》り、彼《か》の輩《ともがら》を誅伐《ちゅうばつ》せらるべし、恩賞においては、請《こい》に依《よ》るべきの由、仰せ下され候《そうろう》状件のごとし、

延元々年十一月十二日　右衛門督（新田義貞）在判

結城上野入道《ゆうきこうずけにゅうどう》殿

結城広宗《むねひろ》に対し、尊氏・直義の追討を命じる義貞の軍勢催促状だが、注目すべきは、これが恒良の「綸旨」を受けて発給された点である。また、今回の恒良の敦賀下向を、天皇の移動を表す「臨幸」と表現している点も注目される。つまり、実際に義貞も恒良も、恒良が天皇になったと認識していたことが知られ、義貞は後醍醐に代わる天皇を擁して、足

利氏との戦いを継続したことが確認できるのである。

一般的に義貞は、終生、後醍醐の「忠臣」として活動したと見られている。しかし、こうした見方は、南朝を正統な朝廷と認定した戦前の南北朝正閏論争《なんぼくちょうせいじゅんろんそう》が生み落とした、「南朝忠臣史観」ともいうべき歴史観にとらわれた見方といえる。当時の関係史料を客観的に検証する限り、越前下向後の義貞は、独自の天皇を擁立し、越前国に「北陸王朝」とも呼ぶべき自立した地域的政治権力を築こうとしたことが明らかである。こうした行動は、北朝天皇を擁立した尊氏と何ら変わるところがない。建武政権時代以来、南朝は内部分裂を起こしていたのであり、そうした意味では、南朝という組織自体、このの ち尊氏と直義の対立によって内部分裂する室町幕府と何ら変わらないといえよう（亀田俊和『南朝の真実』）。

右に掲げた義貞の軍勢催促状の宛先になっている結城宗広は、陸奥国白河荘《しらかわのしょう》（福島県白河市）を本領とした武士だった。陸奥国には、建武政権下の統治機関として、北畠顕家率いる陸奥将軍府が置かれたが、義貞は顕家に京への共同進攻を提案しており、顕家とも交信していたことが知られる（〈延元二年〉正月二五日付北畠顕家書状写）。義貞は、陸奥の諸勢力との政治的連携を密にしようとしていたのである。このことと、建武政権下の義貞は越後・上野両国の国務《こくむ》（国司が行う政治）を執り、両国に対し強い政治的影響力を行使できた事実とを踏まえると、義貞は越後—上野—陸奥との結びつきを強化しつつ、越前国内の足利方の武士・寺社勢力を追討ないしは取り込み、越前に恒良を頂点とした自立的な地域的政治権力を樹立しようとしたと見られる。これが、越前下向後の義貞の政治構想＝「北陸王朝」構想だったと考えられよう。

一二月二一日、後醍醐は、突如として京から大和国吉野へ脱出した。京へ還幸後の後醍醐は、講和条件について尊氏と交渉していたため、これにより講和交渉は暗礁《あんしょう》に乗り上

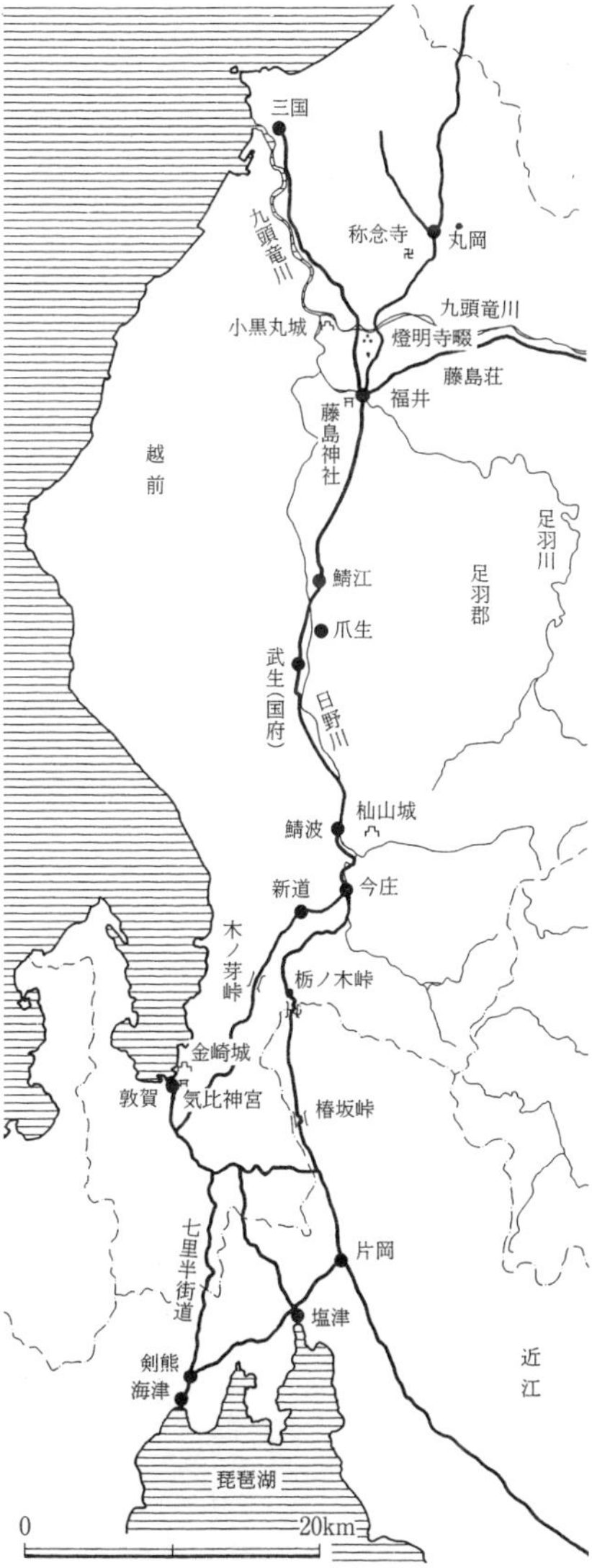

図45　越前国関係図（『太田市史通史編　中世』423頁より）

げた。しかし、尊氏は、後醍醐との講和交渉の再開を期待し、交渉の打ち切りではなく凍結に留めたという（家永遵嗣「室町幕府の成立」）。尊氏は、後醍醐との講和実現に固執《こしつ》したわけだが、そのためには、畿内近国に位置して京へ進攻する機会をうかがう北陸王朝の打倒が不可欠となった。北陸王朝を打倒することで、後醍醐が再び政権に返り咲く可能性はないことを見せつけてその未練を裁ち切り、後醍醐を改めて交渉のテーブルに着かせるためである。

建武四年（延元二年・一三三七）正月一日、足利軍による金ヶ崎城攻略が開始された。激戦の末、三月六日に金ヶ崎城は落城し、恒良は足利軍に捕らえられ、義貞の嫡子義顕《よしあき》は自害した。籠城して苦戦を強いられていた義貞は、事態の打開を図るべく、杣山城《そまやまじょう》（福井県南越前町）にいた義助と連携するため、落城前にそこへ移動していた。義貞は命拾いしたものの、金ヶ崎城の落城により、義貞の政治構想は瓦解《がかい》したのだった。

義貞、越前に散る

表3No.7に見えるように、金ヶ崎城落城直後の三月一四日、義貞は越後国の南保重貞《なんぽしげさだ》に軍勢催促状を発給し、越後国守護代に任命した佐々木忠枝《ただえだ》と協力するように命じた。以降、越後国では、新田方の武士の攻勢が強まったことから、金ヶ崎城落城後すぐに、義貞は巻き返しを図ったことが知られる。

ところで、右の軍勢催促状において義貞は、たんに「源」と署名している点が注目され

図46　杣山城跡から越前国府方面を望む（福井県南越前町）

る。これより前に発給した軍勢催促状では、いずれも後醍醐から授与された官職名を記しており（No.5は写しであるうえ、署名も前後の文書から浮くため除外する）、No.7の異質性がうかがえる。金ヶ崎城落城により、後醍醐の正統な後継者として即位させた恒良を失ったことに鑑みると、ここで義貞は、後醍醐から授与された官職をすべて放棄することで、今後も後醍醐のもとには帰参する意志がないことを示したのではなかろうか。義貞は顕家と交信していたこと、そして八月一八日から開始された顕家の二度目の西上に際し、義貞の次子義興《よしおき》がこれに加わったことを踏まえると、義貞はいずれ顕家と合

図47　新田義貞の墓（福井県福井市、称念寺）

流して、顕家が擁していた義良《のりよし》親王のもとに参じようと考えていたと推測される。

　建武五年（延元三年・一三三八）閏七月二日、義貞は不慮の戦死を遂げた。越前国府を攻略し、さらに北方へ進出して、藤島荘《ふじしまのしょう》（福井県福井市）において足利方の斯波高経《しばたかつね》と攻防戦を展開していた最中の出来事だった。この日、灯明《とうみょう》寺《じ》に本陣を置いた義貞は、藤島荘を囲繞《いにょう》する城郭群の連絡・連携を断つべく、各城郭の攻略に取りかかった。やがて、藤島城《ふじしまじょう》を攻める味方の苦戦の報に接した義貞は加勢に向かったが、その途中、同じく藤島城救援のため黒丸城《くろまるじょう》から出撃した斯波方の軍勢と遭遇し、あえなく戦死したのだった（高橋典幸「南北朝期の城郭戦と交通」）。

　杣山城を拠点に、越前国の北方へ勢力を拡大していた様子を見ると、義貞は九頭竜川《くずりゅうがわ》河口域まで押さえて、海路によって越後国との連携を密にすることを目指していたと見られる（山本隆志『新田義貞』）。金ヶ崎城落城の憂き目に遭った義貞だったが、越前に自立した地域的政治権力を構築するという政治構想は決して放棄せず、その再建に取り組んでいたのである。しかし、この義貞の政治構想は、遂にかなわぬ「夢」に終わったのだった。

義興と義宗の挑戦

観応の擾乱

義貞戦死のおよそ二ヵ月半前の五月二二日、北畠顕家も和泉国堺浦《いずみのくにさかいうら》（大阪府堺市）で戦死した。これまで南朝方の主力として活躍していた義貞と顕家の戦死を受けた後醍醐は、改めて全国各地に自身の皇子や北畠親房《ちかふさ》（顕家の父）をはじめとする配下の公家・武家を派遣し、足利氏に対抗する新たな戦略を展開し始めた。後醍醐は、尊氏が望む講和をあくまでも拒否して、武力決着の道を選択したのである。

こうした状況のなか、八月一一日、尊氏は北朝から征夷大将軍に任命され、名実ともに幕府を再興した。そして、その二日後、後醍醐の京還幸後に皇太子に立てられていた後醍醐の皇子成良親王が廃され、光厳の皇子益仁《ますひと》親王が新たに皇太子に立てられた。後醍醐に講和に応じる意志がないことを悟った尊氏は、後醍醐を排除して幕府再興と持明院統による皇位継承に踏み切り、後醍醐との講和交渉を打ち切ったのである（家永遵嗣「室町幕府の成立」）。

さて、後醍醐の新戦略のなかでは、当初、東国へ派遣された親房が、常陸国小田城《おだじょう》（茨城県つくば市）を拠点に、反足利勢力を糾合《きゅうごう》して勢力を振るった。しかし、京から派遣された高師冬《こうのもろふゆ》を大将とする幕府軍の攻撃を受け、暦応四年（興国二年・一三四一）一一月に親房を迎えていた小田治久《おだはるひさ》が降伏すると、親房は関宗祐《せきむねすけ》を頼って関城《せきじょう》（茨城県筑西市）に移り、隣接する大宝城《だいほうじょう》（茨城県下妻市）の下妻氏《しもづまし》とともに抵抗を続けた。だが、康永二年（興国四年・一三四三）一一月、両城はともに落城し、親房は吉野へ撤退した。

南朝が地方の拠点として最も期待した東国経営が失敗し、幕府に対する直接的な軍事的脅威が遠退くと、足利直義の主導のもと、幕府は統治体制を整備し、国内秩序の再建を進めた。貞和三年（正平二年・一三四七）八月、畿内近国で楠木正行《まさつら》（正成の子）をはじめとする南朝方の動きが活発になり、幕府に再び軍事的脅威が迫った。しかし、翌年正月、高師直《こうのもろなお》・師泰《もろやす》兄弟率いる幕府軍が、河内国四条畷《しじょうなわて》（大阪府四條畷市・大東市）で正行を討ち、勢いに乗じて南朝の本拠地吉野を攻略した。高兄弟の活躍により、幕府に対する軍事的脅威は、再び取り除かれたのである。

ところが、高兄弟の武功は、幕府内部における彼らの発言力を高め、直義との深刻な対立を招いた。もともと高氏は、足利本宗家の執事だったため、彼らは足利本宗家（将軍家）当主たる尊氏の代弁者として動いた。したがって、高兄弟と直義の対立は、やがて尊氏と直義の対立となり、幕府は救いがたい両党分裂に陥っていった。

高兄弟・尊氏と直義との対立は、観応元年（正平五年・一三五〇）一一月の直義の挙兵により、武力抗争へと突入した（観応《かんのう》の擾乱《じょうらん》）。翌年二月、両者は摂津国打出浜《うちいではま》（兵庫県芦屋市）で激突し、直義が勝利した。尊氏と講和した直義は高兄弟を討ち、挙兵前に退いていた政務に復帰したが、すぐに尊氏と不和になった。八月、直義は京を退去して越前国金ヶ崎城に入り、尊氏と対峙したが、一一月になると、最も信頼する上杉憲顕《のりあき》が待つ鎌倉へ入った。

直義の追討に出陣したい尊氏は、軍事的空白が生まれる京を守るため、背後を脅かす南朝（後村上《ごむらかみ》天皇）との講和交渉を八月から進めていたが、一一月三日、尊氏が政権を南朝に返上する形式をとって講和が成立した（正平一統《しょうへいいっとう》）。後顧《こうこ》の憂《うれ》いを断った尊氏はすぐに出陣すると、東海道で直義軍を次々と撃破して直義を降伏させ、翌年正月五日、ともに鎌倉に入った。そして、翌月二六日、直義は謎の死を遂げた。『太平記』は、直義の死因を「鴆毒《ちんどく》」（鳥の羽の毒）によるものと述べ、尊氏による毒殺だったとの噂を伝えている（巻第三〇「慧源禅門逝去事《えげんぜんもんせいきょのこと》」）。

引き継がれた夢

尊氏から政権の返上を受けた南朝は、北朝を廃して、すべてを両朝分裂以前の建武三年（一三三六）時に戻すことを要求し、京近郊の八幡《やはた》（石清水八幡宮）へ進出した。そして、観応三年（正平七年・一三五二）閏二月二〇日、京へ進攻して留守を守っていた足利義詮を近江国へ撤退させ、京を占領した。南朝の一方的な要求と京への軍事進攻を目の当たりにした義詮は、南朝との講和を解消したため、戦闘が再開された。

関東では、かつて親房とともに東国に派遣されるも、暴風雨により遠江国に漂着した後醍醐の皇子宗良《むねよし》親王が、潜伏先の信濃国で挙兵した。そして、これに呼応して、義貞の遺児の義興・義宗《よしむね》兄弟が、上越《じょうえつ》国境で挙兵した。この義興・義宗の挙兵について、覚誉《かくよ》という僧侶が京にいる甥の園基隆《そのもとたか》という公家に知らせた書状が伝わっているので、これを見てみよう。

先日物忩《ぶつそう》ながら参拝す、恐悦《きょうえつ》に候《そうろう》、①aそもそも去る月十八日、関東の凶徒等、武州狩野川《かのがわ》の城に没落す、官軍勝ちに乗じ攻め懸《か》かる、②a大王《だいおう》以（下脱カ）、上州・信州の堺臼居塔下（碓氷峠）まで已《すで》に出御《しゅつぎょ》候て、諸方の大軍雲霞《うんか》のごとし、雌雄《しゆう》を決すべきの条、踵《きびす》を廻《めぐ》らすべからざるの間、新田者共《にったのものども》の注進、昨日酉刻《とりのこく》到来す、則《すなわ》ち八幡《やはた》に申し入れ了《おわ》んぬ、先度大王より仰《おお》せ下さるるの趣《おもむき》、悉《ことごと》く以《もっ》て符合《ふごう》す、参差《しんし》せざるの条、返々《かえすがえす》目出《めで》畏《かしこ》み入《い》るの外《ほか》他に無く候、①b新田一族以下の諸将、十五日上州を立ち、国中の与党の残党を対治《たいじ》し、武州に打ち越え、関東発向《はっこう》に及ぶ間、尊氏以下防禁（禦カ）に堪《た》えず逃げ落ち候と云々《うんぬん》、②b新田武蔵守義宗は、関東を警固せしめ、大王を待ち奉《たてまつ》る、義興（義宗舎兄）・義治《よしはる》脇屋以下の諸将は、武州に立ち帰り、敵陣を平《たいら》ぐべしと云々、次いで奥州国司（北畠顕信）、白川関《しらかわのせき》に到著《とうちゃく》す、先懸勢《さきがけぜい》宇津宮《うつのみや》に相伴《あいともない》て一方発向す、葉賀《はが》兵衛《ひょうえ》入《にゅう》道《どう》已に討ち取るの由、同じく此《こ》の注進に載せ候、旁《かたがた》以て信州の御廃立（発意）に違《たが》わず、中し計《はか》らい無く存じ候、次いで江州《ごうしゅう》の凶徒引き退き、已に没落の企てに及び候と云々、その謂《い》われ候や、只今余りに取り乱し候間、筆に任せ候、重ねてまた申し入るべく候なり、恐惶謹言《きょうこうきんげん》、

三月五日　　覚誉

園殿

（『園太暦《えんたいりゃく》』観応三年〈正平七年〉三月四日条）

まず、傍線部①a・bを見ると、義興と義宗は、南朝軍の京進攻直前の閏二月一五日に上野国を出発して武蔵国に攻め込むと、防ぎきれないと見た尊氏は鎌倉を退き（①b）、一八日に狩野川（神奈川）城（神奈川県横浜市神奈川区ヵ）に逃げ込んだ（①a）と見える。畿内の南朝軍と歩調を合わせた義興・義宗の挙兵は、尊氏の不意を突いたようであり、尊氏は防戦できないまま鎌倉から撤退し、義興・義宗は挙兵からわずか四日で鎌倉を占領し

たことがわかる。

そして、注目すべきは、傍線部②a・bである。麾下の者たちから「大王」と呼ばれた宗良は、上野・信濃国境の碓氷峠に駐留していたが（②a）、義興・義宗たちは宗良を鎌倉へ迎え入れ、武蔵国に逃げた足利方を追討して関東を支配しようとした（②b）と見える。これは、関東に「大王」宗良を頂点とする地域的政治権力の樹立を目指す動きと捉えられる。すると、義興と義宗は、かつて父義貞が越前国で描いた政治構想を共有し、それを関東で実現しようとしたと考えられる（山本隆志『新田義貞』）。義貞の「夢」は、義興と義宗に引き継がれたのである。

ただし、義貞は、吉野（後醍醐）から自立した政治権力を樹立しようとしたと考えられるが、宗良・義興・義宗の軍事行動は吉野（後村上）のそれと連動していたことに鑑みると、吉野からの自立までを目指したものではなかったと考えられる。

武蔵野合戦

さて、右の史料に見えるように（傍線部②b）、義興と従兄弟の脇屋義治（義助の子）は、武蔵国へ逃げた尊氏を追撃した。義宗も宗良を奉じて合流し、新田・足利両軍は、閏二月二〇日に武蔵国府近傍の人見原《ひとみはら》（東京都府中市）と金井《かない》原《ばら》（同小金井市）で激突した。

義興と義治は足利方の仁木頼章《にきよりあき》らに敗れ、鎌倉へ撤退したが、義宗は尊氏を打ち破り、

図48　笛吹峠（埼玉県嵐山町）

石浜《いしはま》（同台東区）に追い詰めた。『太平記』によると、石浜にたどり着いた尊氏は、「已《すで》に腹を切らんとて、鎧《よろい》の上帯《うわおび》（鎧の胴を締める緒）切《きり》て投捨《なげす》て高紐《たかひぼ》（鎧の胴の胸板と肩上《わたかみ》をつなぐ紐）を放《はな》さんとし給《たま》いけるを」という有様だったという（巻第三一「武蔵野合戦事《むさしのかっせんのこと》」）。しかし、近習《きんじゅう》の奮戦により危機を脱した尊氏は、軍勢を結集して再び武蔵国府方面へ向かった。二八日、尊氏と義宗は、小手指原と笛吹峠《ふえふきとうげ》（埼玉県嵐山町）で再度戦い、今度は尊氏が勝利した。義宗は宗良とともに越後国へ退き、この情報を得た義興と義治も、鎌倉から相模国河村城《かわむらじょう》（神奈川県山北町）へ退いた。三月一二日、尊氏は鎌倉へ帰還した。

右に見た人見原・金井原・小手指原・笛吹峠の一連の合戦を、武蔵野合戦と呼んでいる。この合戦に勝利した尊氏は、義興と義宗の政治構想を打ち砕き、関東の支配を確立することになった。一方、京でも幕府軍と南朝軍の合戦が行われていたが、三月一五日に幕府軍が京を奪還すると、南朝軍の本陣が置かれた八幡をめぐる攻防を経て、五月一一日に南朝軍は大和国賀名生《あのう》（奈良県五條市）へ撤退した。内乱はこの後も続くが、観応の擾乱という幕府の内紛に始まった幕府と南朝の抗争は、こうしてひとまずの終結を迎えた。

図49　義興を祀る新田神社（東京都大田区）

新田本宗家の滅亡

その後も、義興と義宗の抵抗は続いたが、彼らが再び鎌倉の土を踏むことはなかった。

義興は、河村城が落城すると、武蔵・上野でゲリラ活動を展開していたが、延文四年（正平一四年・一三五九）一〇月一〇日、足利方の策謀にかかり、武蔵国矢口渡《やぐちのわたし》（東京都大田区矢口と同稲城市矢野口の二説がある）で自害した（『大乗院日記目録』、『太平記』巻第三三「新田左兵衛佐《さひょうえのすけ》義興自害事」）。一方、義宗と宗良は、義治と合流して文和四年（正平一〇年・一三五五）までは越後で大規模な軍事活動を行っていた徴証が確認できる（文和四年四月二九日付羽黒義成《はぐろよしなり》軍忠状）。しかし、それ以降は確認できなくなることから、勢力を弱めていったと見られる。そして、応安元年（正平二三年・一三六八）七月、義宗は義治とともに上越国境で挙兵したが、足利方の上杉憲顕が派遣した軍勢に討たれてしまった（『喜連川判鑑《きつれがわはんかがみ》』）。

　一般的に、義興・義宗兄弟は、東国の反足利（南朝）勢力を組織しえた最後の人物と認識されている。しかし、実は義興・義宗の死後も、新田氏は反足利勢力を糾合して、組織的な抵抗を行っていたのである（江田郁夫「東国の元中年号文書と新田一族」）。

図50　伝新田義宗戦死の地（群馬県沼田市、うつぶしの森、沼田市教育委員会提供）

　すなわち、康暦二年（天授六年・一三八〇）に始まった、観応の擾乱後の関東における最大の激戦となった小山義政《よしまさ》の乱では、新田氏は義政に与同して、武蔵国で一ヵ月以上にわたって足利（鎌倉府《かまくらふ》）軍と戦ったことが確認できる（永徳二年〈一三八二〉四月二〇日付長谷河親資《はせがわちかすけ》軍忠状、『南北朝遺文関東編』四〇八五号）。また、義政の乱鎮圧後も、反乱を勧める廻文《めぐらしぶみ》を武蔵・上野一帯に出すほか（『頼印大僧正行状絵詞《らいいんだいそうじょうぎょうじょうえことば》』）、義政の遺児若犬丸《わかいぬまる》の挙兵に際しては、常陸の小田氏や陸奥の田村氏《たむらし》との連携を仲介するなど、新田氏は依然として足利氏に対抗するべく、活発な政治工作を展開した。『鎌倉大草紙《かまくらおおぞうし》』（『群書類従　第二〇輯』所収）という史料は、この時期に活動していた新田氏の人物として、義宗の子とされる新田相模守《さがみのかみ》入道行啓《ぎょうけい》（実名は義則《よしのり》・義陸《よしあつカ》・義隆《よしたか》と一定しない）とその子刑部少輔《ぎょうぶのしょうゆ》（従兄弟とも見える）を伝えているので、東国において義興・義宗死後の新田氏（本宗家）を率いていた人物は、おそらく彼らと考えられる。

このように義興・義宗の死後も、新田氏は反足利勢力を組織するだけの実力を有していたが、実際に大規模な軍事力を組織して足利氏に対抗できたのは、義政の乱までである。その後は、反足利勢力同士を連携させるべく、水面下で活動したにすぎない。したがって、義興・義宗の死後も新田本宗家の人びとは生き残っていたものの、彼らが次に見るような反足利勢力の現実的な要求に応えられ、自力で足利氏に挑むことができたのは、義政の乱までと見るべきである。その意味で、新田本宗家の政治史的意義は義政の乱で終わったといえ、この時点で新田本宗家は滅亡したと捉えるのが妥当だろう。

内　容	出　典
義興、水野致秋の戦功を賞す	1339号
義興、水野致秋の軍忠を認める	1340号
義興、水野致秋に勲功の賞として武蔵国足立郡内花俣郷を与える	1342号
義興、水野致秋の左衛門尉補任を朝廷に推挙する	1343号

資料編8』は1341号も義興発給文書としているが、松島周一「水野致秋と新田義興」
本表には含めていない。

義興と義宗の政治的立場

新田本宗家の滅亡までを見届けたところで、そろそろ本書の課題でもある、『太平記』の構想を成り立たせた歴史的背景＝新田氏は足利氏とならぶ「武家の棟梁」との認識を生み出した現実的契機について回答せねばなるまい。しかし、そのためには、義貞の政治構想を継いで奮闘した、義興と義宗の政治的立場について確認しておくことが必要なので、もう少しお待ちいただきたい。

義興と義宗の活動は、宗良の挙兵に呼応して軍事行動を起こした時点から具体的に追うことができる。しかし、わずかではあるが、それ以前の活動を伝える史料も残されている。

まず義宗は、義貞の戦死後、南保重貞の越後国の所領を安堵《あんど》し、同国の武士を率いて信越《しんえつ》国境の志久見山《しくみやま》（長野県栄村）に攻め込んだことが確認できる（興国元年〈一三四〇〉六月二七日付新田義宗書下《かきくだし》、暦応三年〈一三四〇〉八月日付市河倫房《ともふさ》軍忠状）。次に義興は、常陸国に在国して、下野国の小山朝郷《ともさと》（義政の伯父）の廷尉任官を吉野の朝廷に奏請《そうせい》（推挙）したとの噂が立ち、

表4　「水野家文書」所収新田義興関係文書一覧

№.	年　月　日	文　書　名
1	正平7年(1352)閏2月23日	新田義興感状
2	正平7年3月3日	水野致秋軍忠状
3	正平7年5月24日	新田義興充行状
4	正平7年6月13日	新田義興官途推挙状

(註)出典の号数は『愛知県史　資料編8』のもの。『愛知県史
はほかの文書と花押型が異なると指摘しているため、

親房から詰問《きつもん》されたことが確認できる（〈興国二年〉五月二五付法眼宣宗《ほうげんせんそう》書状写）。

わずかな事例だが、義興と義宗は、義貞の戦死後から所領安堵・軍事指揮・官途《かんと》推挙を行えた事実が知られる（ただし義興は、推挙した事実を否定している）。これらは、吉野の朝廷から付与された権限にもとづく行為と見るよりも、周囲の武士たちからの求めに応じた行為と見るのが妥当と考える。なぜならば、暦応元年（延元三年・一三三八）から康永二年（興国四年・一三四三）にかけて南朝の東国経営を担った親房が、東国における軍事指揮権や官途・恩賞・所領安堵などの推挙権を掌握していたため（伊藤喜良『東国の南北朝動乱』）、これと競合してしまうからである。したがって、義興と義宗は、義貞の戦死後、周囲の反足利勢力の武士たちから自分たちを指揮する上位権力と認知され、彼らの要求を実現する役割を期待されたがために、右に見た行為をしたと考えられるのである。

尾張国の武士だった水野《みずの》氏の家伝文書のなかに、武蔵野合戦からその直後にかけての時期の義興に関係する文書が、四点伝わっている（表4参照）。これらを見ると、義興は、

所領給付・軍事指揮・官途推挙を行えたことが確認できる。おそらく義宗も、同様の行為を行えたと推測される。義興と義宗は、関東の制圧を目指して反足利勢力を糾合するため、ここでも彼らの現実的な要求を実現する役割を果たしたことがうかがえよう。

義貞の戦死後、義興と義宗は、所領安堵・所領給付・軍事指揮・官途推挙を行えことが確認できる。ただし、前述したように、武蔵野合戦以前の義興と義宗は、吉野の朝廷から付与された権限をもとに、これらを行ったと見ることはできない。だが、親房がすでに東国から撤退していた武蔵野合戦以後においては、吉野の朝廷から付与（追認）された権限として、これらを行ったと考えられる。

ここで参考になるのが、南朝の九州統治を担った征西将軍府《せいせいしょうぐんふ》（懐良《かねよし》親王）に対する吉野の対応である。

すなわち、かつて吉野は、強大な権限を親房に与えつつもこれを警戒し、その行動を制約したため、親房の東国経営を失敗させたという苦い経験を味わっていた。そこで、この経験を活かすべく、吉野は征西将軍府に対して、独自の所領安堵・給付の権限を認め、中央集権から地方分権の方針を強めたと指摘されている（三浦龍昭『征西将軍府の研究』）。義興と義宗の行為（権限）を見ると、吉野に所領安堵・給付を推挙するのではなく、独自にそれらを行ったことが確認できる。したがって、吉野は、宗良とともに挙兵した義興と義宗に対しても、征西将軍府と同様に地方分権化を進める方針で臨み、これらの権限を付与（追認）したと考えられるのである。つまり、義興と義宗は、親房以上の権限を与えられてその政治的立場を継承し、南朝の東国支配を確立することを求められたと理解できるのである。

「武家の棟梁」新田氏の誕生

それでは改めて、本書の課題に回答してみたい。

南北朝期、新田氏を武家の棟梁と見なす認識を生み出すことになった最初の契機は、建武政権から離反した尊氏が、自身の政権樹立の正当化を図るための目的として、義貞の討伐を掲げたことに求められる。「源氏嫡流」足利氏の当主たる尊氏からライバルに指名された義貞は、これに対抗しうる、もう一方の「源氏嫡流」＝「武家の棟梁」の資格を持つ存在と、周囲の武士たちから認識されるきっかけになったと考えられるのである。それまでの義貞は、足利一門に連なっていたものの、「尊氏の末の一族」と認識されるにすぎない存在であり、尊氏との格差は歴然としていた。しかし、鎌倉攻めにおいて関東の足利軍を実質的に指揮し、鎌倉を陥落させたことで、武家社会における義貞の声望が一躍高まり、義貞を尊氏のライバルの座に押し上げたのだった。

次の契機は、義貞追討を命じる光厳の院宣が出され、義貞が足利氏の擁立した北朝の公的な追討対象になったことである。尊氏は、すでに南朝の公的な追討対象になっていたため、これにより新田氏と足利氏は、等しく朝廷から追討を受ける立場に置かれたといえる。こうしたことも、新田氏を足利氏と対等の存在と見なす認識の形成を促進することに作用したと考えられる。そして、後醍醐と決別した義貞は、後醍醐に代わる独自の天皇を擁し、越前国に自立した地域的政治権力を築くことを目指して足利氏との戦いを継続したが、これも大きな契機になったと考えられる。というのも、この義貞の行動は、北朝天皇を擁して幕府を再興し、南朝との戦いを継続した尊氏と何ら変わらないからである。

義貞の死後、尊氏との抗争は、子息の義興と義宗に引き継がれた。義興と義宗は、亡父義貞の実績と政治構想を継承し、周囲の反足利勢力の武士たちを糾合して、関東に宗良を頂点とする地域的政治権力の樹立を目指した。宗良を擁した義興と義宗は、南朝から親房以上の権限を与えられてその政治的立場を継承し、麾下に参じた武士に対して所領安堵・所領給付・軍事指揮・官途推挙の権限を行使した。こうした義興と義宗の姿も、北朝天皇を擁した尊氏と同じであり、新田氏を武家の棟梁と見なす認識は、以上の諸契機（諸段階）を経て確立したと考えられる。義興・義宗の死後も、新田氏は東国の反足利勢力のなかで独自の存在感を放ち、その中心に位置づくことができたのは、その証左となろう。

尊氏が創り出した新田氏と足利氏の対抗軸は、自らの行動の正当性を根拠づけるうえで有用と判断された天皇家を巻き込み、現実の政治史として展開した。そのなかで、新田氏を足利氏に匹敵する武家の棟梁と見なす認識が人びとのなかに芽生え、浸透していったのである。「源家嫡流の名家」たる「武家の棟梁」新田氏は、こうした「歴史認識」の形成のうえに誕生したのである。

『太平記』の刻印——エピローグ

共通の「歴史書」としての『太平記』

一四世紀半ばまでに祖型が成立した『太平記』は、その後、世人の目にさらされながら繰り返し手を入れられ、長い時間をかけて現在「流布本《るふぼん》」として知られる、わたしたちが目にする『太平記』として完成した。その時期は、明確にすることはできないものの、最終的には応永年間（一三九四〜一四二八）のことと推測されている。

室町時代には、『太平記』は武家と公家とを問わず読まれ、彼らはそのなかに祖先の姿を探し出し、家の面目とした。江戸時代になると、『太平記』は版本《はんぼん》として大量に流通するようになり、さらに文字媒体だけでなく、「太平記読《たいへいきよ》み」と呼ばれた講釈師《こうしやくし》によっても人びとの間に流布されていった。『太平記』は、室町時代から江戸時代にかけて、庶民まで含めた人びとの共通の「歴史書」となり、「現在」の来歴についての人びとの共通理解を形作る役割を果たしたのである。

すると、『太平記』に刻まれた「武家の棟梁新田氏」の姿も、南北朝時代から室町・江戸時代にかけて広く流布し、それぞれの時代において具体的な形をもって再生されたと考えられる。そこで最後に、その様相を紹介して、本書の旅を終えることにしたい。

足利的秩序を成り立たせた新田氏

一般的に新田本宗家の滅亡後、「新田」の名跡を継承したのは、新田義兼の孫時兼を祖とする岩松氏とされている。しかし一方で、時兼の父は足利義純だったため、岩松氏は足利氏との関係が特に深い一族ともいわれている。

実際、「『武家の棟梁』新田氏の誕生」の章で見たように、討幕の挙兵に際し、岩松経家は尊氏から直接指示を受けていた。また、鎌倉陥落後は義詮の指揮下に入り、義貞の上京には従わなかった。そして、義貞と尊氏の抗争が始まると、岩松氏の多くは尊氏に与して義貞と戦っており、中先代の乱で戦死した経家に代わって岩松氏を継いだ直国《ただくに》は、麾下の武士から「足利岩松殿」と呼ばれた（建武三年〈一三三六〉六月日付小佐治《こさじ》基氏《もとうじ》軍忠状）。南北朝初期の岩松氏は、自他ともに足利一門の認識を持っていたことが確認できるのである。

このように、新田一族のなかでは足利氏との関係が特に深い岩松氏だったが、貞治元年

（一三六二）、室町幕府の関東の統治機関である鎌倉府から直国が「新田治部少輔《じぶのしょうゆ》」と呼ばれたのを初見として（貞治元年一二月二二日付足利基氏御判御教書写《もとうじごはんみぎょうしょうつし》）、新田姓で呼ばれるようになったことが確認できる。ここからは、岩松氏が足利氏から一門として処遇《しょぐう》される一方、改めて新田氏としても存続することを求められたことがわかる。それでは、ここにうかがえる足利氏の意図とは、いったい、いかなるものと考えられるだろうか。

このことを考えるうえで注目されるのが、観応の擾乱の終結後から、足利氏は自分に従った新田一族に対して、新田姓ないしそれを冠して呼称するようになった事実である。里見氏系の大島義高《よしたか》を「新田兵庫頭《ひょうごのかみ》義高」と呼んだのが初見であり（文和元年〈一三五二〉一二月二七日付足利尊氏御判御教書写）、以後、義高は「新田殿」（〈文和五年〉三月一八日付足利義詮書状）・「新田大嶋兵庫頭」（延文五年〈一三六〇〉一〇月六日付室町幕府執事奉書《しつじほうしょ》案《あん》）などと呼ばれた。これに対し、観応の擾乱勃発以前に足利氏が新田姓で呼んだ人物は、南朝方に与した新田一族ばかりだった。

この事実に注目すると、足利氏は、観応の擾乱を終結させて関東と畿内の支配をいちおう確立したのを機に、足利氏に従う新田一族に「武家の棟梁新田氏」を継承させ、これを再生するという政治判断を下し、それを具体化するために彼らを新田姓で呼称し始めたと考えられよう。その意図するところは、新田氏と足利氏がともに武家の棟梁の資格を持つとの社会的認知が確立したことを背景に、観応の擾乱の終結をもって足利氏が新田氏に勝利し、唯一の武家の棟梁の立場を確保したことを周囲に誇示するべく、「新田氏」を従わせていることを具体的に示すことにあったと考えられる。

こうして足利氏は、新田氏を打倒することで自らが唯一の源氏嫡流＝武家の棟梁の立場にあることを主張した、『太平記』の世界を現実社会に体現したのである。一方、新田氏の側からすると、もう一方の武家の棟梁足利氏に従うことで、足利氏を頂点とする政治秩序（足利的秩序）を成り立たせる役割を担ったといえよう。

ちなみに、前述した直国が新田姓で呼ばれるようになった時期は、直国が鎌倉府に反旗を翻した畠山国清《くにきよ》の反乱の鎮圧に功績を挙げ、観応の擾乱で直義派に与して失脚したことから復帰を遂げた直後のことである。

天下人となった新田氏

南北朝・室町時代、足利氏を頂点とする政治秩序を下支えした「武家の棟梁新田氏」は、徳川氏《とくがわし》の手によって新たな展開を遂げた。

関ヶ原《せきがはら》合戦の勝利で天下の実権を掌握した徳川家康《いえやす》は、慶長八年（一六〇三）二月、征夷大将軍に就任した。翌月、将軍就任の返礼として上京した家康は、朝廷内で「新田殿」と呼ばれたことが確認できる（『お湯殿《ゆどの》の上《うえ》の日記《にっき》』慶長八年三月二五日条、『続群書類従　補遺三』所収）。しかし、徳川氏は、新田氏の子孫というわけではなかった。

徳川氏（家康以前は松平氏《まつだいらし》）は、もともと賀茂姓《かもせい》（この姓は、名字《みようじ》ではなく、天皇から与えられる形式をとった氏《うじ》の名称を指す）だったともいわれており、このことからも源姓である新田氏の子孫ではないことがわかる。松平氏は、ときに源姓を称したこともあったが、永禄九年（一五六六）に家康が三河守に任命されてからは、藤原姓を用いた。豊臣秀吉《とよとみひでよし》に臣従後の天正一六年（一五八八）以後、家康は源姓に改姓したが、やがて豊臣姓へ改めた。しかし、関ヶ原合戦後、将軍任官を視野に入れた家康は再び源姓に改め、さらに足利一門のなかでも「三家」に数えられ、高い家格を有した吉良氏《きらし》から義国流清和源氏の系図を譲り受け、義重の子義季を徳川氏の初代とする系譜を作成したのだった。

ここに、清和源氏新田流徳川氏の由緒が確定したわけだが、家康が将軍就任を前に、自身の系譜を新田氏に接続させた意図は、もはや明白だろう。すなわち、足利氏に代わって将軍に就任することを望んだ家康は、足利氏とならんで武家の棟梁の資格を持つと認められた新田氏の後裔《こうえい》であると主張して、その正当性を確保しようとしたのである。

徳川氏は、「武家の棟梁新田氏」の後裔として足利氏に代わって将軍となり、天下を治めるという論理は、その後、三代将軍家光《いえみつ》によって強化されたことが明らかにされているが（山澤学『日光東照宮の成立』）、ここでも『太平記』が利用された点が注目される。すなわち、『太平記』には、義貞が越前下向に際し、日吉山王社《ひよしさんのうしや》に新田氏累代《るいだい》の重宝《ちようほう》である鬼《おに》切《きり》の太刀《たち》を奉納して、尊氏追討の助力を求めることと、義貞が落命した場合は子孫が尊氏を滅ぼすことを祈願したというエピソードが記されている（巻第一七「儲君を立てて義貞に著けらるる事付鬼切日吉へ進ぜらるる事」）。家光は、家康の生涯を描かせた『東照社縁《とうしょうしゃえん》起《ぎ》』のなかで、このエピソードを引用させ、義貞の山王権現《さんのうごんげん》への祈願が実現したことで、新田氏の子孫である家康が足利氏に代わり将軍となり、天下を治めることになったという歴史的由来を説明させたのである。

江戸時代、徳川氏によって再生された新田氏は、足利氏に代わる唯一の武家の棟梁へと飛躍を遂げ、自らを頂点とする政治・社会秩序を築いたのだった。

「南朝功臣」としての新田氏

前述したように、岩松氏は足利氏に従って「新田」の名跡を継承し、室町時代には新田荘の大半を支配した。しかし、やがて家宰《かさい》の横瀬氏《よこせし》に実権を奪われ、新田荘内に逼塞《ひっそく》してしまった。一方、岩松氏の実権を握った横瀬氏は、新田義宗の後裔と称して由良氏《ゆらし》と改姓し、戦国時代を通して新田荘を支配した。

江戸時代、両者はともに旗本《はたもと》になったが、岩松氏は石高《こくだか》一二〇石で参勤交代《さんきんこうたい》を行う寄合《よりあい》の家格（交代寄合）だったのに対し、由良氏は石高一〇〇〇石で幕府の儀礼や典礼《てんれい》を司る高家《こうけ》職に就ける家格（高家旗本）であり、両者の家格の差は歴然とした。そこで、岩松氏はこの劣勢を挽回《ばんかい》するべく、一方、由良氏は曖昧《あいまい》な出自を確定させるべく、それぞれ自らが徳川氏と同じく清和源氏新田流の正統であることを立証するために奔走《ほんそう》し、新田氏に関わる文書や系図を博捜《はくそう》するほか、新田氏の旧臣を名乗る人びととの由緒出願を積極的に受理・承認する運動を展開した（山澤学「新田源氏言説の構造」）。

　右の岩松氏と由良氏の運動の力点は、自らの系譜が徳川氏に近いことを立証する点に置かれたが、嘉永年間（一八四八〜五四）を画期として、力点が変化したという。すなわち、尊王論《そんのうろん》の高まりを背景に、南朝天皇に忠節を尽くした功臣の顕彰《けんしょう》が全国的に盛んになった嘉永年間から、岩松氏も由良氏も、徳川氏との系譜関係の近さよりも、「南朝功臣」たる新田義貞の子孫であることを立証するために運動を展開したというのである。以降、岩松氏と由良氏は、ともに新田姓に復姓して「南朝功臣新田氏」の正統の立場を競い合ったが、明治一六年（一八八三）、最終的に政府から「新田氏の遠裔《えんえい》」と認められて華族《かぞく》に列したのは、岩松氏だった。この南朝功臣の子孫を華族に列する措置は、維新《いしん》以来行ってきた政府の南朝功臣の顕彰の一環であり、義貞は明治九年に正三位、同一五年に正一位《しょういちい》が追贈《ついぞう》されていた。

　幕末以来、朝廷（明治政府）を巻き込んで行われた南朝功臣の顕彰のなかで、新田氏もその側面が重視・強調された。これにより新田氏は、「武家の棟梁」としての側面が相対化されたように見える。しかし、『太平記』に描かれた「武家の棟梁」たる新田氏・足利氏の姿には、実は天皇（朝廷）を守護する「武臣《ぶしん》」としての位置づけが与えられていた（これは、『平家物語』以来世間に発信・浸透されてきた、武家政権を天皇制に組み入れる論理になっていた）。このことに鑑みると、近代における新田氏は、「武家の棟梁」に付随《ふずい》する「武臣」の側面がクローズアップされたと見るのが妥当であり、「南朝功臣」としての姿も、『太平記』の世界に根ざしたイメージだったといえる。

「南朝功臣新田氏」の姿は、昭和六年（一九三一）に勃発した、いわゆる満州事変《まんしゅうじへん》に始まる軍国主義の高揚《こうよう》を背景に強化された。すなわち、昭和八年の「新田義貞公挙兵六百年祭」の開催を皮切りに、「忠君愛国《ちゅうくんあいこく》」・「尽忠報国《じんちゅうほうこく》」の実践者として、「南朝功臣」たる姿が群馬県から全国へ発信されていったのである（手島仁「新田義貞公挙兵六百年祭の史的考察」）。これを推進する団体として、「新田公会」が創設されたが、徳川家達《いえさと》（第一六代徳川宗家当主）が総裁に、新田（岩松）俊純《としずみ》が顧問に就任しており、清和源氏新田流の「正統」が迎えられたことが知られる。こうして近代における新田氏は、清和源氏新田流の正統に連なる人びとを中心に、「忠君愛国」・「尽忠報国」の実践者たる「南朝功臣」として再生され、政府が推進する国民総動員運動を補完する役割を担い、大日本帝国の戦争を支えたのだった。

以上、簡単ではあるが、南北朝時代以降、「武家の棟梁新田氏」がいかなる形をもって再生されたかについて紹介してきた。こうして見ると、新田氏は、その姿を再生させながら、南北朝時代以降の歴史に多大な影響をおよぼしてきた存在であることが知られよう。

「物語」が創り出す歴史

さて、ここで改めて確認しておきたいことは、南北朝時代以降に再生された新田氏の姿は、『太平記』に刻まれた「武家の棟梁新田氏」の姿をベースにしていたという事実である。すなわち、「武家の棟梁新田氏」の姿が実体化し、さらに『太平記』が人びとの共通の「歴史書」となったことを背景に、後世の人びとが、特定の政治的意図をもって「武家の棟梁新田氏」に新たな意味づけを行うことによって、それぞれの時代の新田氏の姿が創り出されたのである。そして、ひいてはそれが、それぞれの時代の現実の社会をも形作ったのである。つまり、南北朝時代以降の現実の社会と歴史は、『太平記』の枠組みのうえに推移したといえ、ここに「物語として共有される歴史が、あらたな現実の物語をつむぎだしてゆく」（兵藤裕己『太平記〈読み〉の可能性』）姿が認められよう。

こうして見ると、歴史（像）とは、個々の具体的な歴史事実の単純な積み重ねによって創り出されるものではないことが理解できよう。歴史（像）を創り出すためには、個々の具体的な歴史事実に特定の意味（解釈）を供給し、それらをつなぎ合わせる「物語」（歴史認識）が必要とされるのである。そうした意味で、南北朝時代以降の歴史は、『太平記』という「物語」をバックボーンとして創り出されたといえるだろう（新田一郎『太平記の時代』）。

したがって、わたしたちが歴史を学ぶ際に留意すべきは、その歴史を成り立たせている、背後にある「物語」に自覚的になることである。換言すれば、特定の解釈を持たない「無垢《むく》な歴史」は存在しない、という真理に自覚的になることである。そうしなければ、わたしたちは、戦前の過《あやま》ちを再び繰り返すことになるだろう。わたしたちが、「歴史」的存在である新田氏から学ぶべきは、こうした歴史の本質を知ることにあると考えるのである。

あとがき

関東地方には、およそ一一世紀末から一四世紀までの「中世前期」と呼ばれる時期の史料が、あまり多く残されていない。こうした状況下にあって、新田氏は、「長楽寺文書」や「正木文書」といった豊富な文書群を今日に残す、希有な事例として知られている。二〇年前、ぼんやりと中世前期の東国史を卒業論文のテーマに考えていたわたしが新田氏に出会ったのは、こうした史料の残存状況からすると、必然的だったといえよう。

豊富な文書群に恵まれた新田氏は、戦後の日本中世史研究において、在地領主制論や得宗専制論といった中世前期の社会構造や政治構造を理解するうえでの理論的枠組みに、具体的なモデルケースを供給する役割を果たしてきた。そこでは、彼らは京から東国に土着した典型的な開発領主＝在地領主と捉えられ、鎌倉幕府体制下では得宗権力に抑圧された地方没落御家人として描かれた。

しかし近年、久保田順一・須藤聡・峰岸純夫・山本隆志氏らを中心に、関連史料の発掘および再検討、さらに考古学との協業による見直しが進められ、右の新田氏像を相対化する成果が次々に公表された。本書は、この貴重な研究成果に学びながら、執筆したものである。したがって、本書が新田氏研究の進展に果たす役割は、小さいことを認めざるをえないが、わずかでも貢献できたとすれば、それは、新田氏の存在形態を足利氏との関係から捉え直した点に求められよう。

新田氏と足利氏は、義国流清和源氏の同族であることは周知に属すが、あまりにも自明なことであるためか、これまで両者の関係について、政治史を踏まえながら正面から検討する研究は現れなかった。本書は、いわばこの研究史上の「間隙」を縫ったわけだが、義国流清和源氏の「同族」という事実に立脚し、新田氏の歴史的展開を院政期〜南北朝期の政治史のなかに位置づけて足利氏との関係から読み解くことで、新しい知見を提示できたのではないかと考えている。だが、この試みの成否については、読者諸賢の判断に委ねるしかない。

前述したように、わたしと新田氏との出会いは、いまから二〇年前に遡る。当初は、卒業論文の対象テーマという一過性のお付き合いで終わるものと思っていた。しかし、「ご縁」があったようで、修士論文でも考察対象の一つとして取り上げ、それがわたしの最初の公表論文「『得宗専制』と東国御家人―新田義貞挙兵前史―」（『地方史研究』二九四号、二〇〇一年）につながった。それから一〇年後には、わたしが編者となって先行研究を集成した論文集『上野新田氏』（戎光祥出版、二〇一一年）を刊行したが、これが最初の著書となった。そして、今年、新田氏をテーマに一般向けの最初の著書を刊行することができる。わたしの研究者人生の節目に現れる新田氏には、何やら浅からぬ因縁を感じざるをえない。

新田氏との因縁といえば、わたしの学部・修士課程在籍時の指導教授は、新田英治先生だった。その新田先生が『新田町誌　第四巻』をお貸しくださったときから、わたしと新田氏との「旅」が始まったのであり、「新田氏が新田氏を紹介してくれた」と思うと、やはり巡り合わせを感じる（なお、私事にわたるが、弟の配偶者の旧姓が「新田」であると知ったときには、新田氏との奇縁を感じずにはいられなかった）。これまでのわたしの研究者としてのキャリアは、新田氏とともにあったといっても過言ではなく、このご縁はこれからも大事にしていきたいと思う。

カバー袖の近影は、西中利江氏に撮影していただいたものである。西中氏は、前の勤務先の同僚で、写真家ニシナカリエとしても活動されている。高い教養と知的好奇心にあふれた、彼女をはじめとする前の勤務先の同僚たちとの交友は、いつもわたしを大いに刺激してくれる。彼らとのつながりも、わたしの研究活動の活力であり、このご縁も大事にしていきたい。

自分の研究は、周囲のさまざまな「人びと」に支えられている。この当たり前の事実を嚙みしめながら、いま新たに立ったステージでの歩みを続けていきたい。

二〇一五年新緑の頃

田　中　大　喜

参考文献

全体を通して

『太田市史通史編　中世』（太田市、一九九七年）
『太平記　一・二・三』（日本古典文学大系34・35・36、岩波書店、一九六〇・六一・六二年）
久保田順一『中世前期上野の地域社会』（岩田書院、二〇〇九年）
　『新田義重』（中世武士選書18、戎光祥出版、二〇一三年）
田中大喜「中世前期上野新田氏論」（同編著『上野新田氏』中世関東武士の研究第三巻、戎光祥出版、二〇一一年）
　「新田家　南朝の雄として戦い散った源氏の名門」（『歴史読本』五六―一〇号、二〇一一年）
　「中世前期下野足利氏論」（同編著『下野足利氏』中世関東武士の研究第九巻、戎光祥出版、二〇一三年）
峰岸純夫『新田義貞』（人物叢書、吉川弘文館、二〇〇五年）
　『新田岩松氏』（中世武士選書7、戎光祥出版、二〇一一年）
山本隆志『新田義貞』（ミネルヴァ日本評伝選、ミネルヴァ書房、二〇〇五年）
　『東国における武士勢力の成立と展開』（思文閣出版、二〇一二年）

『太平記』のなかの新田氏―プロローグ

市沢　哲「『難太平記』二つの歴史的射程」（同『日本中世公家政治史の研究』校倉書房、二〇一一年、初出二〇〇二年）
川合　康「武家の天皇観」（同『鎌倉幕府成立史の研究』校倉書房、二〇〇四年、初出一九九五年）
北村昌幸「足利政権と軍記物語」（同『太平記世界の形象』塙書房、二〇一〇年）
兵藤裕己『太平記〈よみ〉の可能性』（講談社選書メチエ61、講談社、一九九五年）
森　茂暁「『太平記』と足利政権」（同『中世日本の政治と文化』思文閣出版、二〇〇六年、初出一九九八年）
和田琢磨「『太平記』第二部世界にこめられた政治的意図」（『国文学研究』一四二号、二〇〇四年）

新田氏の成立

『中世の巨大用水路『女堀』の謎に迫る！』（史跡女堀シンポジウム資料集、伊勢崎市教育委員会、二〇一四年）
遠藤基郎「鳥羽金剛心院領ノート」（『年報中世史研究』三九号、二〇一四年）
鎌倉佐保『日本中世荘園制成立史論』（塙書房、二〇〇九年）
川合　康「中世武士の移動の諸相」（メトロポリタン史学会編『歴史のなかの移動とネットワーク』メトロポリタン史学叢書1、桜井書店、二〇〇七年）
川端　新『荘園制成立史の研究』（思文閣出版、二〇〇〇年）

菊池伸一「平姓秩父氏の性格」（『埼玉地方史』六六号、二〇一二年）
木村茂光「大蔵合戦再考」（『府中市郷土の森博物館紀要』二六号、二〇一三年）
佐々木紀一「新田義重一族伝雑々」（『山形県立米沢女子短期大学紀要』四七号、二〇一一年）
清水　亮「中世前期武蔵武士のテリトリーと交通」（『馬の博物館研究紀要』一九号、二〇一四年）
鈴木哲雄『平将門と東国武士団』（動乱の東国史1、吉川弘文館、二〇一二年）
須藤　聡「平安末期清和源氏義国流の在京活動」（田中大喜編著『上野新田氏』、初出一九九五年）
「北関東の武士団」（同右書、初出二〇〇二年）
「鎌倉期里見一族の動向と平賀一族」（同右書、初出二〇一〇年）
「下野藤姓足利一族と清和源氏」（田中大喜編著『下野足利氏』、初出二〇一〇年）
「新田荘成立試論」（『群馬県大間々扇状地の地域と景観』大間々扇状地研究会、二〇一〇年）
「中世成立期上野国と受領・武士団の動向」（『群馬文化』三一一号、二〇一二年）
高橋　修「『坂東乱逆』と佐竹氏の成立」（『茨城県史研究』九六号、二〇一二年）
高橋一樹『中世荘園制と鎌倉幕府』（塙書房、二〇〇四年）
『東国武士団と鎌倉幕府』（動乱の東国史2、吉川弘文館、二〇一三年）
西川広平「甲斐源氏」（野口実編『治承～文治の内乱と鎌倉幕府の成立』中世の人物第二巻、清文堂出版、二〇一四年）
能登健・峰岸純夫編『浅間火山灰と中世の東国』（よみがえる中世5、平凡社、一九八九年）

雌伏の時代

青山幹哉「王朝官職からみる鎌倉幕府の秩序」(『年報中世史研究』一〇号、一九八五年)
蔭山兼治「『堀内』の再検討」(『琵琶湖博物館研究調査報告書』二一号、二〇〇四年)
川合　康「武家の天皇観」(前掲)
木村茂光「中世前期東山道と東海道の政治史」(『中央史学』三七号、二〇一四年)
佐々木紀一「新田義重一族伝雑々」(前掲)
新城常三『鎌倉時代の交通』(日本歴史叢書新装版、吉川弘文館、一九九五年)
須藤　聡「鎌倉期里見一族の動向と平賀一族」(前掲)
高橋一樹『東国武士団と鎌倉幕府』(前掲)
高橋慎一朗「宗尊親王期における幕府『宿老』」(『年報中世史研究』二六号、二〇〇一年)
谷口雄太「足利一門再考」(『史学雑誌』一二二—一二号、二〇一三年)
滑川敦子「鎌倉幕府行列の成立と『随兵』の創出」(『立命館文學』六二四号、二〇一二年)
細川重男「右近衛大将源惟康」(同『鎌倉北条氏の神話と歴史』日本史史料研究会研究選書1、日本史史料研究会、二〇〇七年、初出二〇〇二年)
前田治幸「鎌倉幕府家格秩序における足利氏」(田中大喜編著『下野足利氏』、初出二〇一〇年)
桃崎有一郎「鎌倉幕府垸飯儀礼の変容と執権政治」(『日本史研究』六一三号、二〇一三年)

地域権力としての姿

『新田町誌第四巻　特集編　新田荘と新田氏』（新田町、一九八四年）
『新編高崎市史通史編2　中世』（高崎市、二〇〇〇年）
磯部淳一「蕨手文隅飾をもつ宝篋印塔の考察」（『ぐんま史料研究』三号、一九九四年）
岡陽一郎「中世居館再考」（五味文彦編『中世の空間を読む』吉川弘文館、一九九五年）
國井洋子「中世東国における造塔・造仏用石材の産地とその供給圏」（田中大喜編著『上野新田氏』、初出一九九七年）
久保田順一「笠懸野南端部の開発について」（『群馬県大間々扇状地の地域と景観』）
齋藤慎一『中世武士の城』（歴史文化ライブラリー218、吉川弘文館、二〇〇六年）
須藤　聡「北関東の武士団」（前掲）
「鎌倉期里見一族の動向と平賀一族」（前掲）
「中世前期における新田一族と交通路」（田中大喜編著『上野新田氏』、初出二〇〇四年）
田中大喜「長楽寺再建事業にみる新田氏と『得宗専制』」（同『中世武士団構造の研究』校倉書房、二〇一一年、初出二〇〇一年）
「地域の町場に集う武士たち」（同右書、初出二〇一〇年）
能登健・峰岸純夫編『浅間火山灰と中世の東国』（前掲）
藤本頼人「『別所』地名と水陸のみち」（藤原良章編『中世人の軌跡を歩く』高志書院、二〇一四年）
村上伸二「大蔵中世遺跡群の再確認」（橋口定志編『中世社会への視角』高志書院、二〇一三年）

山本世紀「初期禅宗寺院の性格について」（下出積與編『日本宗教史論纂』桜楓社、一九八八年）
湯浅治久「中世的『宿』の研究視角」（佐藤和彦編『中世の内乱と社会』東京堂出版、二〇〇七年）

「武家の棟梁」新田氏の誕生

家永遵嗣「室町幕府の成立」（『学習院大学文学部研究年報』五四輯、二〇〇七年）
市沢　哲「建武新政の歴史的性格」（同『日本中世公家政治史の研究』、初出一九九一年）
「南北朝内乱期における天皇と諸勢力」（同右書、初出一九九六年）
伊藤喜良『東国の南北朝動乱』（歴史文化ライブラリー131、吉川弘文館、二〇〇一年）
井上信一「室町幕府初期の軍事指揮に関する御教書の一考察」（『信大史学』一九号、一九九四年）
上島　有「新田義貞文書を考える」（同『足利尊氏文書の総合的研究』国書刊行会、二〇〇一年、初出一九九一年）
江田郁夫「東国の元中年号文書と新田一族」（同『室町幕府東国支配の研究』高志書院、二〇〇八年、初出二〇〇二年）
亀田俊和「陸奥将軍府恩賞充行制度の研究」（同『室町幕府管領施行システムの研究』思文閣出版、二〇一三年、初出二〇一一年）
『南朝の真実』（歴史文化ライブラリー378、吉川弘文館、二〇一四年）
櫻井　彦『南北朝内乱と東国』（動乱の東国史4、吉川弘文館、二〇一二年）
佐藤進一『南北朝の動乱』（中公文庫日本の歴史9、中央公論社、一九七四年）

高橋典幸「南北朝期の城郭戦と交通」(『中世政治社会論叢』東京大学日本史学研究室紀要別冊、二〇一三年)
松島周一「水野致秋と新田義興」(『歴史研究』四九号、二〇〇三年)
三浦龍昭『征西将軍府の研究』(青史出版、二〇〇九年)
峰岸純夫『足利尊氏と直義』(歴史文化ライブラリー272、吉川弘文館、二〇〇九年)
森　茂暁「建武政権の構成と機能」(同『増補改訂　南北朝期公武関係史の研究』思文閣出版、二〇〇八年、初出一九七九年)
吉井功兒「建武政権期の新田義貞」(田中大喜編著『上野新田氏』、初出一九九〇年)
「建武政権期の足利勢力と新田勢力」(同右書、初出一九九三年)
吉田賢司「『主従制的支配権』と室町幕府軍制研究」(『鎌倉遺文研究』二六号、二〇一〇年)
吉原弘道「建武政権における足利尊氏の立場」(『史学雑誌』一一一―七号、二〇〇二年)

『太平記』の刻印―エピローグ

岡野友彦「家康生涯三度の源氏公称・改姓」(二木謙一編『戦国織豊期の社会と儀礼』吉川弘文館、二〇〇六年)
谷口雄太「足利一門再考」(前掲)
手島　仁「新田義貞公挙兵六百年祭の史的考察」(『群馬県立歴史博物館紀要』二七号、二〇〇六年)
新田一郎『太平記の時代』(日本の歴史11、講談社、二〇〇一年)

兵藤裕己『太平記〈よみ〉の可能性』（前掲）
山澤　学『日光東照宮の成立』（思文閣出版、二〇〇九年）
「新田源氏言説の構造」（山本隆志編『日本中世政治文化論の射程』思文閣出版、二〇一二年）

著者紹介

一九七二年、東京都に生まれる
一九九六年、学習院大学文学部史学科卒業
二〇〇五年、学習院大学大学院人文科学研究科博士後期課程修了、博士(史学)
駒場東邦中学校・高等学校教諭を経て、
現在、国立歴史民俗博物館・総合研究大学院大学准教授(併任)

主要編著書

『中世武士団構造の研究』(校倉書房、二〇一一年)
『上野新田氏』(編著、戎光祥出版、二〇一一年)
『下野足利氏』(編著、戎光祥出版、二〇一三年)
『日本中世史入門　論文を書こう』(共編著、勉誠出版、二〇一四年)

歴史文化ライブラリー
408

新田一族の中世
「武家の棟梁」への道

二〇一五年(平成二十七)九月一日　第一刷発行

著者　田《た》中《なか》大《ひろ》喜《き》
発行者　吉川道郎
発行所　株式会社　吉川弘文館
東京都文京区本郷七丁目二番八号
郵便番号一一三—〇〇三三
電話〇三—三八一三—九一五一〈代表〉
振替口座〇〇一〇〇—五—二四四
http://www.yoshikawa-k.co.jp/

印刷＝株式会社　平文社
製本＝ナショナル製本協同組合
装幀＝清水良洋・李生美

ISBN978-4-642-05808-7

歴史文化ライブラリー

1996.10

刊行のことば

現今の日本および国際社会は、さまざまな面で大変動の時代を迎えておりますが、近づきつつある二十一世紀は人類史の到達点として、物質的な繁栄のみならず文化や自然・社会環境を謳歌できる平和な社会でなければなりません。しかしながら高度成長・技術革新にともなう急激な変貌は「自己本位な刹那主義」の風潮を生みだし、先人が築いてきた歴史や文化に学ぶ余裕もなく、いまだ明るい人類の将来が展望できていないようにも見えます。このような状況を踏まえ、よりよい二十一世紀社会を築くために、人類誕生から現在に至る「人類の遺産・教訓」としてのあらゆる分野の歴史と文化を「歴史文化ライブラリー」として刊行することといたしました。

小社は、安政四年（一八五七）の創業以来、一貫して歴史学を中心とした専門出版社として書籍を刊行しつづけてまいりました。その経験を生かし、学問成果にもとづいた本叢書を刊行し社会的要請に応えて行きたいと考えております。

現代は、マスメディアが発達した高度情報化社会といわれますが、私どもはあくまでも活字を主体とした出版こそ、ものの本質を考える基礎と信じ、本叢書をとおして社会に訴えてまいりたいと思います。これから生まれでる一冊一冊が、それぞれの読者を知的冒険の旅へと誘い、希望に満ちた人類の未来を構築する糧となれば幸いです。

吉川弘文館